李嘉诚
LIJIACHENG

卢琰源　编著

江西人民出版社

他，就是李嘉诚，
　　李嘉诚在世界华人中只有一个。

序　言

庄世平

庄世平

《李嘉诚》大型传记画册以图文并茂的形式，生动、形象地介绍了李嘉诚先生从一个学徒成为国际著名的华人企业家的成功历程，讴歌了李嘉诚先生报效祖国、造福苍生的伟大情怀。它的出版，是一件大喜事，值得庆贺！

李嘉诚先生出生于古城潮州的一个书香门第，自幼受到翰墨的熏陶。勤俭诚信、自立自强等中华传统文化的种子很早便播撒在他幼小的心灵中。

日军入侵中华大地，潮汕沦陷，李嘉诚先生随父母逃难到香港。14岁时，父亲病故，他即中途辍学，开始挑起赡养母亲、扶养弟妹的重担。从此，李嘉诚先生走上了一条顽强拼搏的人生之路……

李嘉诚先生是一位成功的创业者。他的成功，不仅表现在白手起家，而且通过自己努力奋斗，使事业获得巨大的发展。他的公司成功地成为香港第一家控制英资财团的华资集团，使自己成为"入主英资洋行第一人"，从而在香港开创了华资集团吞并外资机构的先例。他的成功，代表了香港华资集团的崛起，打破了香港的经济一向为英国人所操纵的局面，标志着香港的经济发生了具有历史意义的深刻变化。现在，李嘉诚先生和他的庞大企业王国在香港占有举足轻重的地位，具有极大的影响力。

　　李嘉诚先生的事业成功，与他的睿智机敏、勤奋学习、善于经营、眼光锐利、决策精明、信誉卓著、不断进取、不断创新，有很大的关系。我特别要指出的是，李嘉诚先生的成功，与他的两个关键时期作出正确的决策是分不开的。第一次是1967年，中国正处于"文化大革命"时期，北京发生了"火烧英国驻华代办处"的严重事件。当时香港人心浮动，百业萧条，不少人抛售产业，纷纷逃往国外。而李嘉诚先生独具慧眼，坚信"文化大革命"一定会结束，中国一定会拨乱反正。在人们争先恐后抛售地产、物业之时，他却胸有成竹地收购一栋栋旧大楼，盖起一座座新大厦。后来，雨过天晴，香港经济转入繁荣。李嘉诚先生领导的长江实业（集团）有限公司取得了很大的成功。第二次是1982年至1984年间，世界经济不景气，香港工业衰退，股市暴跌，房地产一落千丈，老牌英资财团怡和公司迁册百慕大，许多人对香港的前途缺乏信心，而且还把谣言造到李嘉诚先生的头上。说什么"长江实业要撤出香港，将资金转到国外"。李嘉诚先生不肯随波逐流，公开出来辟谣。严正指出："这些谣言太离谱，太过分了！""完全是无稽之谈！"并表示，"迁册的事，我决不能做"，"行动是最佳的证明"。不久，他不仅公布了一系列向地产作巨额投资的计划，而且还宣布和记黄埔集团公司以29亿8,000万港元，向英资置地公司收购34%的港灯股权，成为香港有史以来最大的一次公司交易。舆论界对此纷纷赞扬，说"李嘉诚投下香港信心的一票"。中英签署联合声明后，李先生对由1997年7月1日起香港回归祖国后的美好繁荣前景，更加充满信心。

　　李嘉诚先生是一位谙练现代企业之道的经营能手。他深知一个企业的经营管理水平,端赖于员工的素质和科学的管理方法。他采取西方的管理办法,吸纳中国的经营之道,实行"中洋"结合、"老中青"结合,在企业中建立一个完善的组织架构,依靠一个强有力的高效率的管理层以及众多员工,上下一心,群策群力,为企业的发展贡献力量。这是李嘉诚先生的事业成功的关键之一。

　　李嘉诚先生待人以诚,执事以信。因之人们信赖他,愿意与他合作,为他效力。这也是李嘉诚先生事业成功的重要因素。正如古语所言"以德服人"矣!

　　李嘉诚先生爱国爱乡,热心社会公益事业。举凡教育、科学、文化、体育、医疗卫生、敬老恤贫、赈灾救难等等,他都不分地域,不遗余力地予以支持,慷慨捐助。真是宅心仁厚,德风彰彰!

　　李嘉诚先生是我很敬佩的一位乡亲。在创建汕头大学的过程中,我们更是频繁地接触,常常促膝谈心。他心怀"教育兴邦"之念,视教育为振兴中华之本,把创建和办好汕大看成是超越其生命极限的大事。为了汕大,他除耗资接近12亿港元之外,还倾注心血无数,诸如汕大的选址、奠基、设计、施工、设备、师资、教学等等事项,无不躬力亲为。他还亲自出任汕大董事会名誉主席,深入研究汕大的发展大计。他期盼汕大办得日臻完美,早日成为国内重点大学和国际上有地位、有影响的一流大学。李嘉诚先生的这种对乡邦国族的拳拳之心,真是可昭日月,令人钦佩!

　　李先生事业的成就,如今已是举世瞩目、四海闻名的了。

　　为李先生写传记的书,据我所知,已有三本:一是方式光先生和李学典女士合著的《李嘉诚成功之路》,二是夏萍小姐写的《李嘉诚传》,三是陈衍俊先生写的《华夏骄子李嘉诚》。另外还有一本画册,则是当时的国家教委出版的《李嘉诚与汕头大学》。至于这些年来在香港、内地以至海外报纸杂志上,有关李嘉诚事业和社会活动方面的报道,尤其屡见不鲜。

李嘉诚先生为人谦和、坦诚、守信,从不宣扬和炫耀自己。当卢琰源先生萌生要为他编辑出版一本传记画册的念头时,几经说服才获得他的同意。之后,他不仅提供了大量的珍贵照片和丰富的文字资料,而且还先后指示办公室的鲍绮云、区小燕、黄余淑珍、王德贞等小姐和杨兴安等先生做好协助工作,具体的编辑工作则由主编卢琰源先生负责全权处理。

卢琰源先生是一位资深的新华社记者和传记作家,同时,又是一位著名的摄影家。他十分崇敬李嘉诚先生,在十多年以前,就有意识地蒐集和研究有关报道李嘉诚先生的书籍、资料和照片。他曾主编过《李嘉诚与汕头大学》大型画册。《李嘉诚》大型画传是作者自1992年开始,用了将近三年的时间完成的。在本画传之前,有关李先生的几本传记,都是以文字为主。阅读传记,当然也可以了解到李先生的生平事迹。然而,其形象如何,却未能更具体地表现出来。这本画传可以说弥补了这一点。它以大量而丰富的图片,较全面地展现了李先生的生平事迹:自青年时代至现在数十年间;以大量图片介绍李先生在各方面的社会活动,并非资料的堆积,而是经过作者的精心编排,使画传不仅具有艺术性,且更具有真实感,举手翻阅,极具感染力。

卢琰源先生恳挚邀我为这本画传作序,我自不便推辞,于是写了上面这些话,作为序言。

(编者按:本序系庄世平先生撰写于1996年9月19日)

目　录

第一章
潮州古城
书香门第

潮州市位于广东省东部的韩江中下游,从汉武帝元鼎六年(公元前 111 年)置古揭阳县算起,至今已有 2121 年的历史。它以历史悠久、物产丰富、文化发达、人杰地灵著称于世,素有"海滨邹鲁"、"岭南名邦"的美称。1986 年 12 月 8日,国务院将潮州列为国家历史文化名城。

古潮州濒临南海,自隋以后因潮水往复而得名。相传有凤来仪,因而别称凤城、凤楼城。潮州自古以来就是历代郡、州、路、府治所在地,为粤东政治、经济、文化之中心。潮州北高南低,中部和南部为广袤富饶的韩江三角洲平原,盛产大米、甘蔗、茶叶、柑橘、荔枝、龙眼等农副产品。潮州北有金山,东有笔架山,西有葫芦山,浩瀚的

韩江之春

韩江绕廓南流,构成三山一水护古城的壮丽图景。湘桥春涨、凤台时雨、龙湫宝塔、韩祠橡木、北阁佛灯、西湖渔筏、金山古松、鳄渡秋风等潮州八景,更令人流连陶醉。

潮州不仅风光旖旎,钟灵毓秀,而且是人文荟萃之地。唐宋两代有十位宰相由于各种原因来到潮州,带来中原文化,并兴利除弊,为潮州的经济和社会发展作出了贡献。唐代著名文学家韩愈被贬为潮州刺史,在这里留下了"为官八个月,江山易姓韩"的美谈。明清两代,潮州更是人才辈出,灿若星河。

（上）潮州八景之一：凤台时雨。明隆庆二年(1568年)潮州知府侯必登于韩江中流的凤凰洲头创建凤凰台。这里景色绝佳,尤宜夏日纳凉观雨。

（下）潮州八景之一：鳄渡秋风。潮州城北堤中段,原为古鳄渡口。相传唐代韩愈曾于此设坛祭鳄,名为"祭鳄台"。台前大江,在秋高云淡之际,一面风可驶三面帆,因而称"鳄渡秋风"。

潮州文物古迹颇丰,城东的广济桥是中国古代四大名桥之一,被列为全国重点文物保护单位,还有韩文公祠、开元寺、凤凰塔等省、市文物保护单位43处,随着中原人口逐渐南迁和历代官员被贬至潮州,中原文化与当地文化逐

(左页·上)潮州八景之一:西湖渔筏。西湖位于葫芦山下,始建于唐代。湖光山色相映,波摇碧影添姿,令游人流连忘返。

(左页·下)潮州八景之一:韩祠橡木。潮州城东有座笔架山,相传韩愈贬潮时曾登此山游览并手植橡木,故称山为"韩山",木为"橡木"。南宋年间于山麓建韩公文祠,韩山遂成为潮州人心目中之文化胜地,州人每以橡木开花之多寡预卜科名之盛衰。

(右页·上)潮州八景之一:龙湫宝塔。位于潮州城外东南约2公里处的韩江之滨,有凤凰宝塔(俗称涸溪塔)一座,系明万历十三年(1586年)知府郭子章倡建。塔的拱门两边刻有郭的手笔对联:"玉柱擎开凤起丹山标七级,金轮著地龙蟠赤海镇三阳"。

(右页·下)潮州八景之一:北阁佛灯。在潮州古城北阙有一组楼阁,总称北阁。它背倚金山,面临韩江。相传阁前佛灯夜间普照四方,故以"北阁佛灯"闻名。

（上）潮州八景之一：金山古松。潮州城北，屹立着形如覆釜的金山。东临韩江水，西瞰大湖，山上苍松挺拔傲立。

（下）潮州八景之一：湘桥春涨。在潮州古城东门外的韩江上，建有与赵州桥、洛阳桥、芦沟桥并称中国四大古桥之一的广济桥，俗称湘子桥。该桥始建于宋代乾道七年（1172年），初为浮桥，其后沿东西岸向江心次第增筑石墩，分别称"济川桥"、"丁公桥"。明代宣德九年（1435年）垒石重修，更名"广济桥"。正德八年（1514年），形成"十八梭船廿四洲"的独特风格。该桥集梁桥、拱桥、浮桥于一体，是中国桥梁史上的孤例。

始建于唐玄宗开元二十六年(738年)的开元寺,
为潮州最大的古建筑群,素有粤东第一古刹之称。

步交融,形成了具有浓郁地方特色的潮州文化。潮州音乐、潮州戏、潮州
菜、潮州工夫茶、潮州木雕、潮州石雕、潮州抽纱、潮州刺绣、潮州彩瓷等
等,至今仍在全国乃至世界享有盛名。至中华民国时期,潮州民风淳朴、
民众勤俭,男子多在外工作,妇人主持家务,有很大部分中等收入家庭的
主妇还要靠做些抽纱工艺品来帮补家计。

（上）潮州市中山路的李氏宗祠。

（下左）潮州市湘桥区北门街面线巷。在这条狭窄的小巷的尽头的右边第 5 号，便是李嘉诚的旧居。

（下右）面线巷 5 号——李嘉诚的旧居大门。站在门前送客的长者是李嘉诚的堂兄李嘉来。

李嘉诚的母亲李庄碧琴。

李嘉诚的父亲李云经。

1928年7月29日（农历六月十三日），李嘉诚诞生于古城潮州北门街面线巷的一个书香门第。

李嘉诚的先祖原为中原人士，因为灾荒南徙，迁居福建。明末清初年间，李氏一世祖李明山为躲避战乱，率全家迁徙到潮州府海阳县（今潮州市），定居城内北门面线巷。传到李嘉诚恰届十世。

李氏家族乃书香世家，家境虽不算富有，却不致陷于饥寒，是个清廉、殷实的读书家庭，家中藏有许多书籍和字画，还有进士牌匾。李家诚的祖父李晓帆是清末秀才，祖母也是个曾受过教育的人，有较好的文学根基。伯祖父李起英（旭升）是清朝拔贡生。伯父李云章和李云梯负笈扶桑，就读于日本帝国大学（今东京大学），一个学商科，一个学教育，双双取得博士学位后返回梓里，报效祖国。叔父李奕（云崧）中学毕业后，由于成绩优

书香门第的李嘉诚。

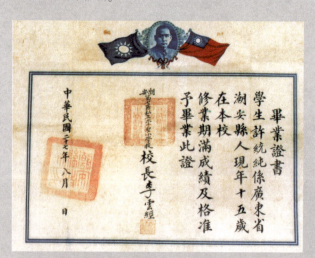

1938年8月,李嘉诚的父亲李云经先生任崇圣小学校长时,亲自签名盖章发给学生许统纯的毕业证书。

异,被聘为隆都后沟小学校长。

　李嘉诚的父亲李云经少年聪慧,发奋向上,15岁时以优异成绩考入省立金山中学。毕业后,因家境清贫,无力上大学,应聘在莲阳懋德学校教书。1935年被聘为宏安崇圣小学校长,1937年被聘为庵埠郭垄小学校长。李云经工作一丝不苟,加上治校有方,在潮州颇受人尊崇。"七七"事变后,李云经投入抗日救亡运动,他积极进行抗日宣传,亲自编写许多通俗易懂、热情奔放的抗战话剧与歌谣。在他任教的崇圣小学和郭垄小学出现了唱抗日歌曲、演抗战话剧、谈抗战救国、为前线募捐的热潮。在李嘉诚眼中,父亲是个要从正途求上进、受人尊敬的典型中国读书人。他生性守信义,乐于助人,孝敬父母。母亲则是个善良的中国传统家庭主妇,勤劳俭朴,任劳任怨,尊敬丈夫,疼爱子女,可以为家庭牺牲一切,和亲友相处十分融洽。

据曾在郭垄小学念过书的老校友们回忆,这是当年的潮安县郭垄小学校。李云经先生曾任该校校长兼教员,李嘉诚也在此读过书。

青年时代的李嘉诚。

　　李嘉诚出生在这个浸润中国传统文化精髓的家庭里，也深受其熏陶。他自幼聪颖好学，三岁能颂唐诗，四岁入小学，十一岁便读初中，但他的童年是在旧中国的战乱和清苦的家境中度过的。1932 年，李嘉诚进入潮州北门街观海寺小学念书，三年后随父亲转入潮安县庵埠镇宏安崇圣小学就读。他聪明机智，刻苦好学，有时放学后还躲在家中的小书房里如醉如痴地读书。他虽然也和所有的孩子一样爱玩耍，但考试成绩总是名列前茅，数学成绩十之八九是满分。抗日战争爆发后，少年李嘉诚耳闻目睹了中华民族危亡的灾乱和中国人民的苦难，在他幼小的心灵里已经播下了拯救中国、振兴中华的种子。

第二章

背井离乡
艰苦创业

1939 年 6 月，日本帝国主义侵略军队横行潮汕地区，到处烧杀淫掠，致使工厂停工，商店关门，学校停课，人们纷纷逃往农村。李嘉诚一家也逃到山村避乱。不料祸不单行，他的祖母因战乱惊恐，不幸病逝。1940 年冬，李嘉诚的父亲在逃荒失业、生活无着的情况下，带领全家背井离乡，历尽艰辛，逃亡到香港。

李云经逃亡到香港的另一个原因，是长辈的亲友中有一人被日本人任命为财政厅长的高官。此人与李云经甚有交情，每隔一两天便派人来游说李回潮安（今为潮州）替日本人做事，李云经坚持不干。为了避免发生意外事情，只好与这位亲友不辞而别。

风华正茂的李嘉诚。

　　李云经一家抵达香港后，李嘉诚极希望能继续入学校念书，不过他已预感到家庭环境不许可，因为有一件事一直使他留下铭心难忘的印象。当时他家的邻居有一个与他年纪相若的小女孩正在学校读书，英文不错，但中文和数学都远不如他。于是，他们便相互"取长补短"。她教他英文，他教她中文和数学。那时，李嘉诚年龄还小，但记忆力非常好。不久之后，当他对那些书本上的英文已读得懂，并能娴熟背诵出来的时候，便高兴地跑去离家不远的父亲办公室，这时适值下班时间，父亲正有空闲，李嘉诚便把书交到父亲手中，满有信心地对父亲说："我要念给你听，你看对不对。"结果全篇无一背错。李嘉诚以为父亲一定非常高兴，但万万没有想到，父亲的脸上充满极大的伤感，全无欣悦之色。他立即明白，家

（左）1938年11月，日军侵占香港铁路。

（下）1940年，李嘉诚全家从松坑村开始，长途跋涉，历尽艰辛，逃难到香港。图为今日的松坑村。

据松坑村的乡亲们回忆,李嘉诚及其父母、弟妹在松坑村时,曾经住在这幢农舍里。

庭的环境已不容许自己继续求学。此事虽然只是一次,但情景永远烙印在李嘉诚的脑海中,他再也不在父亲跟前显露出求学的渴望了。

20世纪40年代初期的香港,尤其沦陷后,经济萧条,百业不振,李嘉诚一家在香港谋生更加困难。为了生存,李嘉诚的母亲便带着他的弟妹回到潮州,李嘉诚则跟随父亲留在香港。李云经是一位正直爱国的知识分子,他不甘心国破家亡,也不愿在日寇统治区苟且偷安,原想取道香港奔赴抗战大后方另谋生路,谁知在香港被生活困迫,又染上肺病,且病情不断加重,最后不得不住进公立医院治疗。

在父亲住院期间,李嘉诚尽心侍奉,哪怕是刮风下雨,也阻挡不了他去医院探望和照料父亲的孝心。他每天都极早到医院,逗

据后沟村老人回忆，李嘉诚一家曾租住过这座民房。

　　广东省澄海县隆都后沟村是李嘉诚祖母出生之地，日军侵占潮汕后，李嘉诚一家为躲避战祸，曾逃难到这里暂时居住。

留到最后时限才离去。在父亲的病榻前,李嘉诚从未表现过丝毫的哀伤,以免父亲牵挂。当父亲在临终前问他有什么话要说时,年仅15岁的李嘉诚忍住内心的悲伤,用坚定的眼神望着父亲,说:"你一点也不用担忧,我绝对不会让你失望的。"在缺医少药的境况下,李云经于1943年在香港与世长辞。聪明好学的李嘉诚不得不提前挑起赡养母亲和抚养弟妹的生活重担。从此,李嘉诚开始走向顽强拼搏的人生之路……

　　父亲逝世前后,李嘉诚通过阅读有关肺病的书籍,确信自己也染上了肺病。此时的李嘉诚一方面要负担家庭,另一方面时刻感觉到死神在旁伺候,却仍然充满信心。他从高陞街一家钟表店的店员开始了他的商旅生涯。除日间工作外,还力求上进,买旧书自修,知识入了脑袋后,以旧书再换旧书,尽量依照从书本上得来的知识对付肺病。他把收入的绝大多数寄回给潮州的母亲,督促弟妹的学业,两年后收入渐增,才把肺病治好。此时的李嘉诚为一家五金制造厂推销产品。正是在推销五金产品的过程中,李嘉诚敏锐地察觉到塑胶制品的巨大潜力,及时选择了这一新兴行业,成为了一家塑料裤带制造公司的推销员。推销工作对李嘉诚的人生道路产生了重大影响。他从实践中悟出了一条真理:推销商品离不

如今的香港高陞街。李嘉诚当年曾在这条街上的一家钟表店当店员。

李嘉诚 20 世纪 50 年代生产的塑胶花，曾享誉香港，远销欧美。

开市场，离不开顾客，离不开社会。因此，他密切关注社会的动态，研究消费者的心理，以及建立销售网络等等。由于李嘉诚在销售工作中勤奋创新，成绩卓著，几年之内，他从一个普通的推销员晋升为业务经理，直至总经理，充分显露了他是商海中一位有前途的新秀。

1950 年，22 岁的李嘉诚开始了自己的创业之路。他将自己多年的积蓄和向亲友借的 5 万港元开办了一家属于自己的"长江塑胶厂"，决心独闯天下。这是李嘉诚在人生道路上迈出的具有决定性意义的一步。

多年从事推销工作的经验，使李嘉诚对市场动向和产品信息了如指掌。他确信，塑胶产品具有价廉、耐用的特点，比木材和金属产品有更大的发展潜力。因此，他选择了开发前景广阔的塑胶产业，并以生产塑胶玩

　　今日的香港湾仔洛克道1号。李嘉诚
当年曾在这里的一家中南钟表店当店员。

（上）"长江大厦"于 1990 年 10 月
改建外墙，1992 年 4 月竣工。
（下）1959 年建成的长江大厦。

具和家庭日用品为突破口，创造自己的产品，发展自己的企业。在创办与发展自己企业的过程中，李嘉诚尝尽了成功与失败的酸甜苦辣。他善于总结经验教训，使自己在危难中闯过难关，立于不败之地，在稳健中求发展，在发展中求稳健。

1950 年时，全世界制造塑料最先进技术在美国。李嘉诚通过订阅有关杂志参考和研究，自学掌握了制造技术。后来，李嘉诚进行市场调查，了解到意大利生产的塑胶花由于价廉物美，经久耐用，受到人们的喜爱，发展前途广阔。于是，他集中资金，改造和扩

雄心壮志的李嘉诚。

大厂房,顺利实现转产。1957年底,他为适应大规模生产塑胶花的需要,将长江塑胶厂改名为"长江工业有限公司"。

李嘉诚为了以优质产品占领香港市场,打开欧美销路,便高薪聘请优秀的塑胶花技术人才,并亲自参加设计组织生产。由于他的塑胶花品种多样,价廉物美,受到香港和海外用户的欢迎,大批订单源源而来。

李嘉诚经商,讲究诚信,受到外商的信任和赞扬。北美一家大批发商同他签订长期合约,每年订货达百万美元之多。几年后,长江工业有限公司在香港建立了世界最大的塑胶花工厂,李嘉诚被誉为"塑胶花大王"。1958年,李嘉诚通过经营塑胶花,使他的资产突破了千万元。年仅30岁的李嘉诚,开始跨进"千万富翁"之行列。

第三章
商业奇才
成功之道

李嘉诚是一位胆略超群、洞察先机、善于开拓的商业奇才。在创业初期,他历尽艰辛,全部厂房都是租来的,业主每两年加租一次,每次加租幅度都很大。

这使李嘉诚认识到,香港地小人多,土地求过于供,发展房地产业一定有良好前景。于是,他在 1957 年开始涉足房地产业,到 1960 年时已具备一定规模,所得利润已开始超过工厂的盈利。1971 年 6 月,李嘉诚成立了"长江地产有限公司",后改名为长江实业(集团)有限公司。1972 年初,长江实业(集团)有限公司,向远东交易所、金银证券交易所以及香港证券交易所申请股票上市,当年 11 月 1 日获准正式挂牌,认

香港"长江"集团中心，李嘉诚现在的办公处。

购超额 65.4 倍。李嘉诚利用股票上市,吸纳了大量社会闲散现金,扩大了自己企业的经营规模。他趁地价低落时大量购进地皮和物业,保证了"长实"的稳健快速发展。1975年,属于该公司的楼房面积达510 万平方英尺,1979 年增至1450 万平方英尺,超过了当时拥有 1300 万平方英尺的英资香港置地有限公司,成为香港地产巨子,使他步入亿万富翁、超级富豪的行列。

(上)商业奇才——李嘉诚,经常是记者采访的重点新闻人物。

(下)1978 年 4 月 27 日,李嘉诚和夫人庄月明同汇丰银行董事局主席沈弼(右二)、汇丰银行总经理牟诗礼(左一)在华人行奠基石前合影。

1973年10月,长江实业集团宣布业绩,由李嘉诚主持,右三为其夫人庄月明。

　　1977年初,李嘉诚凭着手中雄厚的资金,参加香港旧邮政总局地段、中区地下铁中环站和金钟站上盖的兴建权竞投,战胜了包括香港置地公司在内的30多家竞争对手,被誉为"三级超升"。同年4月,李嘉诚动用2.3亿港元现金,收购美资永高公司股票1,048万股,创华资财团吞并外资财团的先例。

　　李嘉诚在收购美资永高公司后,又向老牌英资集团挑战,首先是收购英资怡和下属台柱——九龙仓的股票。他与包玉刚联手,将自己的1,000多万股九龙仓股票全部转卖给包玉刚,从而使"船王"夺得了九龙

1980年，香港地铁金钟站海富中心平顶典礼。

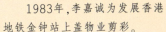

1983年，李嘉诚为发展香港地铁金钟站上盖物业剪彩。

仓的控制权。接着，李嘉诚又收购英资青洲英坭有限公司股份，拥有该公司的股份达36%，从而出任青洲英坭有限公司董事局主席的职务。

1979年，李嘉诚把握香港上海汇丰银行出售老牌英资财团"和黄"股权的时机，大量吸纳"和黄"股票，到1980年11月，"长实"已拥有超过40%的"和黄"股权。1981年元旦，李嘉诚正式出任和记黄埔有限公司董事局主席，成为在香港华人入主英资财团的第一人。"长实"以6.93亿港元的资产，成功地控制了价值50亿港元的老牌英资财团——和记黄埔有限公司。香港舆论界对李嘉诚的成功，形容为"蛇吞大象"、"石破天惊"。

1977年，长江实业（集团）有限公司举办地产业展览会，李嘉诚与出席开幕典礼的嘉宾合影。

1980年1月，李嘉诚在中国水泥（香港）有限公司项目建设贷款仪式上讲话。

1988年4月,李嘉诚陪同港督卫奕信参观 HIT 码头,左一为马世民,右二为马德富。

1983年3月30日,万国宝通银行中心平顶典礼。

1980年8月，香港仔中心广场开幕，醒狮助庆。

1986年4月22日，李嘉诚与九广铁路有限公司签署有关合作发展计划。

1988年11月8日，李嘉诚与"土发"签约，重建香港皇后大道中租庇利街。

在 1990 年 7 号码头竣工庆典上，李嘉诚为醒狮点睛。

　　李嘉诚为什么要收购"和黄"股权呢？他说，该公司有许多资产未能很好地运用，收购后可以使公司多元化，不仅在香港，而且在国外亦可发展，使公司更跨进一步。自从李嘉诚取得主权后，"和黄"业务有了良好的进展，无论利润，还是公司实际资产都直线上升。不过，他取得控制权后，初期并没有做主席，因为他个人不计较虚名，但在实际业务上，他积极配合"和黄"的需要，令公司稳健发展。对最重要的决策，他总是小心谨慎地处理。"和黄"不少经营上的错误，都是在他收购后纠正的。

　　在李嘉诚的领导下，"和黄"下属的香港国际货柜码头的经营很出色，是世界上最大的私人码头，占香港总吞吐量的一半。1992 年香港已成为世界上最大的货柜码头港。1993 年，在第七届亚洲货运业颁奖礼中，该公司获选为"最佳货柜码头经营商"。

长江集团在香港有很多物业，无论港岛、九龙、新界都有，包括住宅、写字楼、商场、酒店、工厂、仓库等等。

1986年9月，李嘉诚开始向海外投资。在英国、美国、加拿大、新加坡等地都有他的投资和事业。但他始终坚持"以香港为主"的投资方针，所属公司在香港与海外投资的比例为8∶2。这对香港的稳定和繁荣，尤其对1997年平稳过渡及成功抵御1998年东南亚金融危机，起着重要作用。

世纪之交，"长实"及控股的"和黄"财团在

（上）1990年11月22日，李嘉诚陪同霍德爵士出席"和黄"集团下属的香港葵涌7号货柜码头开幕典礼。

（下）1991年9月14日，英国前首相撒切尔夫人参观香港国际货柜码头有限公司。图为李嘉诚和长子李泽钜、麦理思、马德富陪同撒切尔夫人参观时合影。

李嘉诚独到的策略指挥下,不断进军电讯、生命科技、现代中药、网络传媒等朝阳产业。1999 年起,李嘉诚抓住电信行业从 2G 时代走向 3G 时代的机遇,率领"和黄"进军全球 3G 市场。他在英国、意大利、香港地区、澳大利亚、奥地利、丹麦和瑞典推出了 3G 业务。

1999 年 10 月 21 日,李嘉诚以"和黄"主席身份宣布,"和黄"已接受德国工业公司曼内斯曼

(上)李嘉诚与包玉刚爵士(右五)等在会议上洽商业务。

(中)1992 年 3 月 28 日,李嘉诚出席"和记"传呼"天地线"亮灯仪式。

(下)1993 年 3 月 29 日,李嘉诚出席香港地产建设商会新会所开幕典礼。

1995年5月25日长江实业(集团)有限公司股东周年大会。左起:公司秘书李业华、董事鲍绮云、钟慎强、郭敦礼、霍建宁、叶元章、甘庆林、李业广、李泽钜、李嘉诚、麦理思、周年茂、梁肇汉、周近智、马世民、洪小莲、陆法兰、叶德铨。

(Mannesmann)的有条件收购建议,以高达1130亿港元的价格出售其持有的英国上市公司Orange("橙")电讯44.81%的股权,换取后者10.2%的股权以及440亿港元现金和债务票据。因Orange("橙")在该集团的账目上没有投资成本,所以,这一交易使"和黄"集团纯赚1,130亿港元的特殊利润,并成为有史以来全球第22大合并收购案,同时,也是有史以来香港公司赚钱最多的一笔交易。由此,令"和黄"集团进一步扩展欧洲电讯业务版图,成为其中一家规模最大企业的最大股东。交易成功后,李嘉诚说,这次交易极具战略意义,对各方面都有利,而李嘉诚只给自己奖励了一块饼干。

截至2008年8月,"和黄"在全球拥有超过1,900万个3G客户,牢牢确立了全球3G领头羊的地位。而依靠Tom.com打造现代媒体王国、拆分长江生物科技上市,则是李嘉诚向新经济迈进的两大举措,展现了"超

在 1996 年初"长实"集团周年晚会上，李嘉诚主席与各部门同事合影。

人"步步抢占先机的锐利眼光和非凡魅力。

　　2008年下半年，由美国次贷危机引发的全球金融海啸浪潮把全球经济推进了寒冬。当全球众多富豪纷纷倒下的时候，人们发现只有"超人"李嘉诚仍然幸免于金融之灾。作为香港经济领跑者的李嘉诚，在评估形势、看准时机上，一向眼光独到。早在两年前，他就察觉到金融危机将至，提醒管理层要谨慎行事，并向公众提醒。近两年来，旗下集团在重大政策及发展方面都非常小心，不论集团或个人都没有投资结构型的金融商品。不仅如此，他还大手笔减持手中的中资股，回笼资金至少上百亿港元，避免了巨额亏损。面对危机，李嘉诚的旗舰公司——和记黄埔已经确立了"持盈保泰"策略，采取异常保守的理财手法。目前持有的 221 亿美元(约合 1,724 亿港元)资金，有多达 69%、接近 1,190 亿港元以现金存放，其余主要投资在最稳妥的政府债券上，股票投资仅占相当小的比重。

李嘉诚出席"和黄"运动同乐日。

1995年11月19日,李嘉诚出席"和黄"集团同乐日时合影。前排左起刘钱崧、曹荣森、霍建宁太太、霍建宁、李嘉诚、李泽钜、李泽钜太太、周胡慕芳、盛永能。后排左起杜志强、邱泽义、余立仁、马德富、韦以安、尹德霖及工作人员。

李嘉诚集团辖下的香港喜来登酒店。

所以，虽然全球经济不景气，"和黄"并未放慢其拓展步伐，业务不减反增，资本开支预计超过港币 450 亿元，预计 2009 年至少持平，甚至增加。

　　总结李嘉诚的成功经验，可以用 20 个字总结出五句话："天道酬善、地道酬勤、家道酬俭、人道酬诚、商道酬信。"李嘉诚一生勤俭，待人以诚、乐善好施。他深信知识可以改变命运，人才是事业的根本。

一、勤力工作　不断奋斗

　　李嘉诚把"勤奋"二字作为事业成功的基础。任何事业都是干出来的，懒惰只会一事无成。他说："在工作方面，我认为勤奋是一个人成功的要素，所谓'一分耕耘，一分收获'，一个人所获得的报酬和成果，与他所付出的努力有极大的关系。"他认为，"运气只是一个很小的因素，个人的努力才是创办事业的最基本的条件。"在李嘉诚眼中，大凡成功之路必经三个阶段：在最初阶段，完全是靠勤奋工作，不断奋斗而获得的；其次，

李嘉诚集团辖下的香港国际货柜有限公司货物分发中心外貌。

在有了初步积累之后的起飞阶段,才会存在少许"运气"的因素,但也不多。到了第三阶段,虽说离不开运气,但"如果没有个人条件,运气来了也会跑掉"。可见,李嘉诚把个人的努力,看作一个人能否成功的决定性因素。

二、寻求新知　不断学习

李嘉诚热爱学习,也善于学习。他把握世界经济发展的动向,不断推动企业的发展,靠的是学习;他具有广博的知识和高超的指挥才能,也是靠学习。一位外商曾问李嘉诚,你办工厂靠什么?

（上左）广州宝洁化妆品有限公司的工人在包装护肤品。

（上右）"和黄"集团辖下的香港屈臣氏超级市场。

他明确地回答说："靠学习，不断地学习。"李嘉诚刻苦学习的精神是令人敬佩的。他少年时无钱买纸，就利用废纸练习毛笔字；无钱买书，就买便宜的旧书读，读完之后，再把旧书卖掉，再买旧书来读，就在这样"买旧书、读旧书、卖旧书"的循环中，积累了大量知识。李嘉诚能讲一口流畅的英语，这也是他利用业余时间刻苦自修的成果。他对学习与事业的关系作了这样的总结："年轻时代在兴趣驱使下，如饥似渴地寻求新知识。事实证明当时的学习冲劲，对日后事业发展确有极大帮助。"现在，李嘉诚已年逾八十，但仍然坚持不懈地学习。他除了学习有关经济和科技方面的知识外，还特别喜欢看名人传记，从中吸取经验和智慧。

(上)在香港中区举办香港电灯节。
(下)青洲英坭(集团)有限公司外貌。

李嘉诚集团在香港兴建的城市花园。

三、锲而不舍 稳健发展

　　香港人称李嘉诚是一位"绝顶聪明的商业能手"。李嘉诚在总结经营房地产业的经验时说,开始时"业务做得很小,而且不敢张扬",但始终是"锲而不舍地去干";在发展时仍"稳健地做,不敢冒险以投机取巧的方法去扩张"。"我的座右铭是:在稳健中寻求发展,发展中不忘稳健。我的政策,最低限度获得'长实'、'和黄'所有股东的支持。"在这种经营方针下,李嘉诚总是把握时机,果断决策,大胆开拓,稳健发展。

(上)李嘉诚集团在香港兴建的"瑞峰花园"。
(下)李嘉诚集团在香港参与发展的新港中心。

(上)李嘉诚集团在香港兴建的蓝田汇景花园。

(下)李嘉诚集团在香港马鞍山兴建的海栢花园。

四、待人以诚　执事以信

　　中国有句俗语："做事先做人"。这是许多中国人的为人处事之道。李嘉诚的挚友庄世平先生,对李嘉诚的事业成功的关键和为人处事的品德用"待人以诚,执事以信"八个字作了精辟的概括。李嘉诚把"诚信"二字作为做生意的宗旨,并认为是企业能否成功的关键。他说："我做生意一直抱着一个宗旨,就是不投机取巧和以诚待人。""在香港及世界各地做生意,毕竟信用最重要。一时的损失,将来是可以赚回来的,但损失了信誉,就什么事情也不能做了。"李嘉诚经商讲究商业道德。他把"诚实至上"、"信誉第一"、"互惠互利"、"有钱大家赚"作为他的为人处事原则。香港的记者和评论家对李嘉诚的品德作出这样的评介："在投机与不诚实的环境中,很多人是靠欺骗来赚大钱,李嘉诚很诚实、正直,对自己的事负责。""李嘉诚的发迹靠'诚',他的最大资产也是'诚'。"李嘉诚"忠实可靠"、"言行一致",人如其名。

李嘉诚集团在香港兴建的天水围嘉湖山庄。

李嘉诚集团在尖沙咀兴建的康宏广场。

李嘉诚集团在香港薄扶林兴建的翰林轩。

五、尊重人才　知人善任

　　李嘉诚是一位精明能干的企业家,人称"经营之神"。他的事业成功,除了其他的因素之外,还与他谙练用人之道和高超的组织才能分不开。他从经营实践中清楚地认识到,要管理好一个大型现代化集团企业,光靠一个人的力量和智慧是不行的,必须靠集体,靠组织一批精通现代企业管理的专门人才共同工作。李嘉诚之所以选择"长江"作为企业的名字,很大原因就是勉励自己要有广阔的胸怀。他不但以广阔的胸怀吸纳人才,并且打破家族制企业管理模式,变"用人唯亲"为"唯才是举",将各种精英人才推向集团公司的领导岗位,给予其展示能力的空间。李嘉诚不拘一格,大胆起用各种人才,包括"洋人"、"女将"和"年轻人"。由这样一

（上）1986年，李嘉诚与长子李泽钜（左一）等在加拿大赫斯基石油公司。

（下）1986年，李嘉诚集团趁石油价格处于低潮时期，收购加拿大赫斯基石油公司。图为李嘉诚在该石油公司视察。李氏家族及和记集团现今持有此石油公司95%股权。

批优秀人才组成的工作班子和智囊团，保证了李嘉诚的事业稳健发展。李嘉诚对他们所作的贡献，给予了高度肯定。他曾在多次场合中声明，事业的发展，归功于有这样一班"可以负责任的得力助手"，归功于"下属同仁的鼎力合作与支持"。正如他所说，"最重要的是有人能帮你一手，乐意跟你一起工作，这是我的哲学"。这一哲学，值得所有企业家共勉。

六、顺境逆境 依靠三Q

李嘉诚一贯强调，逻辑智商（IQ）、情绪智商（EQ）、心灵智商（SQ）可以解决人生复杂多变的问题，帮助人们在顺境或逆境之中从容前进。

李嘉诚认为，"人生是一个很大、很复杂和常变的课题，我们用分析、运算、逻辑等理性智商（IQ）解决诸多问题；用理解力和自我控制的情绪智商（EQ）去面对问题；用追求卓越、价值及激发自强的心灵智商（SQ）去超越问题。在我个人经历中，对此3Q的不断提升是必要的。IQ、EQ、SQ皆重要：学术专业的知识，使我们有能力去驰骋于社会各行各业中；对自己及他人环境的了解，能发挥人与人之间的同理心，加强家庭、学校、机构的团队精神；慎思明辨的心灵能力驱使我们对意义和价值的追求，促

1988年，李嘉诚与香港商界知名人士在新加坡投资兴建新达城时合影。

动创造精神,把经验转化成智慧,在顺境和逆境之中从容前进。"

李嘉诚指出,"每个人都可以有巨大的雄心及高远的梦想,分别在于有没有能力实现这些梦想,当梦想成真的时候,会否在成功的台阶上更知进取?当梦境破灭、无力取胜、无能力转败为胜时,会否被套在自命不凡的枷锁中?抑或跌进万念俱灰无所期待的沮丧之中?再有学识再成功的人,也要抵御命运的寒风,虽然我在事业发展方面一直比较顺利,但和大家一样,无论我喜欢或不喜欢,我也有达不到的梦想、做不到的事、说不出的话,有愤怒、有不满,伤心的时候,我亦会流下眼泪。"

所以,李嘉诚在几十年的漫漫经商的旅途中,紧紧依靠 3Q,铺就了一条金光闪闪的大道。在这条大道上,他创造了一个又一个的惊人奇迹,树立了一座又一座的不朽丰碑,构建了一个宏伟、强大、辉煌的"商业帝国"!

李嘉诚与香港商界知名人士在新加坡新达城开幕典礼上。

（上）2009 年 8 月 13 日，李嘉诚出席记者会，宣布香港"长实"中期业绩。

（中）1993 年 5 月 18 日，李嘉诚和长子李泽钜（左）、次子李泽楷（右）在和记黄埔有限公司股东周年大会上。

（下）李嘉诚与长子李泽钜（左）在长江实业（集团）股东周年会上。

位于香港中区的华人行，原是长江实业(集团)有限公司的总部。

之称的李嘉诚,摄于长江实业有限公司原来的办公总部———华人行的办公室。

第四章

情系祖国
报效桑梓

　　李嘉诚希望中国强大，愿竭尽个人的力量，为祖国多办实际事务。对于为祖国办事，他既不言倦，也不言悔。

　　1978年秋，李嘉诚到北京参加庆祝建国29周年活动，受到国家领导人会见。他表示了对祖国建设的关心和支持。随着中国改革开放政策的实行，李嘉诚对内地的投资规模不断扩大，投资金额不断增加，投资项目不断增多，包括工业、地产、交通、金融、通讯、能源、港口以及高科技等许多方面。到目前为止，如果一切都顺利进行的话，李嘉诚承诺投资总额约达500亿港元。李嘉诚说："中国的改革开放政策为每一个中国人带来了希望。"

李嘉诚投资兴建的总建筑面积达 80 万平方米的
北京市王府井金街和东单银街之间的东方广场。

1994年1月，李嘉诚出席北京马家堡西居住区合同签字仪式。

    1980年，李嘉诚联合郑裕彤等企业家合组公司，在广州兴建中国大酒店。这是中国首家五星级酒店。同年，李嘉诚向大连造船厂订购四艘远洋货轮。当时，他感到很兴奋，因为国家可以建造世界水平的大轮船。谁知下订后，船价大跌，价钱几乎不及原来的一半，但李嘉诚并不后悔，仍然买船如期下水。事后，他在北京遇到一位当时船厂的负责人，那人对李嘉诚说："你是唯一没有向我们提出减价，或者希望取消部分订购的人。"

    李嘉诚还参与投资由中国发射的美制"亚洲一号卫星"。他认为，这是一件值得高兴的事。1990年4月7日，李嘉诚偕次子李泽楷等亲自到西昌观看卫星发射。那天晚上天阴，甚至有雨，发射时间已多次后延，亦有人说要改期发射。虽然当时香港许多事情等待他办理，但他对同事说，

（上）1990 年 4 月 7 日，李嘉诚与次子李泽楷（右一）在西昌"亚洲一号卫星"发射场。

（下）1990 年 4 月 7 日，周南(中)和李嘉诚在西昌"亚洲一号卫星"发射场。

1992年9月4日,李嘉诚率香港和记黄埔有限公司职员到上海考察。

即使在西昌再等一星期也是乐意的。他说:"想到以中国人制造的火箭把美国人生产的卫星射上太空,那种兴奋之情难以形容。"在发射之前的两三分钟,他仍在控制室,当快接近倒计时之时,便立即跑上天台。当看见火箭射向天空,从头顶越过的时候,他跳跃高呼,异常激动,比他四五岁时过新年第一次点燃爆竹时的那种兴奋心情更胜多倍。他说,自己这样年纪的人还这样天真,真有点不敢相信,但他愿意保留这点天真。

李嘉诚投资内地,不仅注重经济效益,而且更注重社会效益。进入90年代,能源、交通等基础设施建设迫在眉睫,这些行业成为国家鼓励投资的项目。诸如北京、上海、广州、东莞、福州、厦门、重庆、深圳、珠海、青岛、汕头等地,许多项目都是属于当地发展的重点。尽管这些项目一般涉及巨额资金,每笔投资动辄数十亿乃至百亿,且回报期较长,但是,李嘉诚还是签下了许多合约。当这些项目举行签约、奠基仪式时,万众瞩目,庆典场面极为隆重。

(上)1992年,李嘉诚出席上海港务局与香港和记黄埔有限公司合资经营集装箱码头协议签字仪式。

(下)上海集装箱码头。

李嘉诚投资内地的港口项目——上海明东集装箱码头。

厦门国际货柜码头。

李嘉诚投资兴建的上海御翠园。

李嘉诚投资兴建的上海华尔登广场。

（上）李嘉诚投资兴建的
上海梅龙镇。
（下）李嘉诚投资兴建的
上海四季雅苑。

(上)李嘉诚投资兴建的上海汇贤居。

(下)李嘉诚投资兴建的珠海海怡湾畔花园。

（上、下）李嘉诚投资兴建
的重庆大都会广场。

李嘉诚投资兴建的重庆大都会世贸大厦。

李嘉诚
LIJIACHENG

李嘉诚在"三坊七巷"保护改造工程奠基礼上致辞。

1993年8月18日，李嘉诚出席福州"三坊七巷"保护改造工程奠基动工典礼。

　　福州"三坊七巷"保护改造工程是当时福建省最大规模和最引人瞩目的旧城改造项目之一。"三坊七巷"始于唐末，形成于明清。这里荟萃了大量的传统建筑精华，是中国古代城市中里坊制的典型代表作。该保护改造工程由"长实"和福辉首饰有限公司合组的福州长江福辉置业有限公司投资兴建。项目规划以保持原有的坊巷格局和风貌为前提，保留和修复部分古代建筑精华与新建筑融合一体的建筑群。小区内市政和公共设施配套完善，新建的商住建筑面积逾100万平方米。

　　北京东方广场位于东长安街北侧、王府井金街和东单银街之间，总投资19.6亿美元，占地10万平方米，总建筑面积达80万平方米，是集商业、公寓、酒店、写字楼为一体的超大型综合建筑群，也是北京旧城改造，特别是王府井商业街改造的重要项目。东方广场是北京目前最大的商业地产项目之一，也是目前亚洲最大的商业建筑群之一。该项目始于1993年，由"长实"和东方海外等财团共同投资，其中"长实"占六成四股权。

广州中国大酒店。

该项目工程于 1999 年国庆节前实现了外檐亮相,2003 年最后竣工。

中国政府积极推行的"安居工程",李嘉诚亦有参与。他下属集团投资 20 亿元人民币兴建的汕头"安居工程",地处汕头市区西部,距汕头大学 3 公里,占地 130 公顷,包括 120 万平方米配套齐全的各类建筑物,以微利方式售给市民。此外,"长实"在重庆兴建了两处"安居工程",建筑面积达 150 万平方米,除公共设施外,还可提供 18,000 户住宅。"长实"还投资了重庆旧城改造工程、北京朝阳长营乡和丰台马家堡的"安居工程"和危房改造工程、青岛小港湾旧城改造项目等等,旨在促进发展,造福群众。此外,李嘉诚还投资了内地多处房地产,包括上海华尔登广场、上海四季雅苑、上海汇贤居、上海御翠园、上海梅龙镇、深圳黄埔雅苑、广州怡苑、青岛太平洋中心、重庆大都会世贸大厦、重庆大都会广场、东莞海逸豪庭、珠海海怡湾畔等。

（上）李嘉诚投资兴建的深圳黄埔雅苑。

（下）李嘉诚集团和美国 P&G 公司与广州合作，成立宝洁化妆品有限公司。这是宝洁化妆品有限公司在广州黄埔科技开发区兴建的工厂。

(上)李嘉诚投资兴建的广州怡苑。

(下)李嘉诚参与投资兴建的广州市地铁黄沙站
上盖建筑物。

深圳盐田国际集装箱码头合资合同签字仪式
SHEN ZHEN YAN TIAN INTERNATIONAL CONTAINER TERMINALS JOINT VENTURE CONTRACT SIGNING CEREMONY

　　1993年10月5日,李嘉诚与李鹏、邹家华出席在北京钓鱼台国宾馆隆重举行的深圳市与香港和记黄埔有限公司合资建设、经营盐田国际集装箱码头合同签字仪式。

签字仪式后,李鹏、邹家华、李嘉诚等热烈鼓掌。

合资深圳长和实业有限公司合同章程签订仪

　　1992年4月30日,李嘉诚和邹家华一起出席在深圳湾大酒店举行的中外合资深圳长和实业有限公司合同章程签订仪式。这是李嘉诚首次到深圳投资。

深圳市前任领导人李灏(左)、厉有为(右)与李嘉诚交谈甚欢。

一艘集装箱货轮正停泊在盐田港装货。

紧张、繁忙、有序的深圳盐田港国际集装箱码头。

广东省电力集团公司　珠海经济特区电力开发(集团)公司
长江实业(集团)有限公司　和记黄埔有限公司　建世企业有限公司
合作兴建及经营广东省珠海电厂协议书签字仪式

1993年6月11日,李嘉诚出席合作兴建及经营广东省珠海电厂协议书签字仪式。

1994年4月,李嘉诚旗下的"和黄"集团再次与珠海港务投资公司签署合同,合资经营珠海高栏港。图为现在的珠海高栏港码头。(彭华光摄)

即将竣工的汕头市妈屿海湾大桥。

　　李嘉诚对内地的电力和港口方面的投资也是积极的。1993 年,"长实"、"和黄"与汕头市电力开发公司共同投资,组建"汕头长潮电力发展有限公司"、"汕头长海电力发展有限公司"和"汕头长浦电力发展有限公司"等三家合资公司,从事兴建和经营电厂及其配套输变电工程、发电和售电业务。另外,"长实"投资的发电项目还有南海发电一厂、南海江南电厂、珠海发电厂等。

　　在李嘉诚旗舰中,码头建设属"和黄"业务。"和黄"旗舰下属的香港国际货柜码头是目前世界上规模最大的私营货柜码头,经营深水港具备优越条件。"和黄"与内地合资经营码头以后,引入先进技术设备、管理方式和经验,促进内地港口现代化的发展。例如合资经营上海港集装箱码头一年后,其港口容量及处理速度增加了 30%。

　　1992 年底,"和黄"与珠海港务投资公司合资经营九洲港货柜码头。九洲港自 1993 年 1 月合资运营以来,货物起卸设备、电脑系统及运作方

　　中国大酒店股东之一的李嘉诚与谢非(左三)、张高丽(左一)、
黎子流(右二)等在出席珠海电厂兴建签订协议仪式上交谈。

　　1991年12月18日,广东省汕头特区妈屿海湾大桥开工典礼。
图为江泽民、王光英和李嘉诚等一起为妈屿海湾大桥奠基。

1993年6月11日,李嘉诚出席合作建设经营深汕高速公路东段合同签字仪式。

式等均得到改善,吞吐量直线上升。1994年4月,"和黄"再与珠海港务投资公司签署合同,合资经营珠海港(高栏)两个2万吨级泊位,双方各占一半股权。该项目总投资为5.046亿港元。不久的将来,珠海将建设成为符合世界标准的模范港口。

1993年10月,"和黄"与深圳东鹏实业有限公司合组盐田国际集装箱码头有限公司,投资逾50亿元人民币,"和黄"占七成股权,预计每年可处理20万个标准集装箱。1994年4月,"和黄"占50%股权的南海三山开发区的内河码头也已开始营业。

此外,李嘉诚投资内地的港口项目还有上海明东集装箱码头、汕头国际集装箱码头、厦门国际货柜码头等,都得到了全面的提升和快速的发展。

1993年,"长实"联同香港及内地公司组成广东汕头海湾大桥有限

汕头国际集装箱码头。

公司,合作兴建及经营汕头海湾大桥及有关服务业务。海湾大桥位于汕头港东部出入口的妈屿岛海域,全长 2,000 米,总投资约 7.5 亿元人民币,"长实"和"和黄"拥有 30% 的权益。

"长实"于 1993 年联同香港及内地公司组成广东深汕高速公路东段有限公司,合作兴建及经营深汕高速公路东段及有关服务业务。深汕高速公路东段起于陆丰县覃西,经溥美、隆江、惠来北、仙庵、田心、海门,终点达濠,与汕头海湾大桥相连接,全程约 140 公里,计划于 1996 年底竣工通车,总投资约 27.5 亿元人民币,"长实"和"和黄"拥有 30% 的权益。

从上述部分庞大投资看,李嘉诚对祖国确实满腔热情,充满信心。

1994 年 11 月 23 日,李嘉诚在"1997 年后香港与内地经贸关系研讨会"上说:"今日中国,在开放改革政策推动下,各省市基建发展不遗余力,工业水平和规模亦不断提高,经济发展迅速。踏入 90 年代,经济更破

纪录高速增长，国内生产总值之增幅位于世界前列……""作为香港强大后盾的内地，有极理想的投资前景，国内开放政策，国民收入不断提高，形成了一个庞大的市场……""种种因素，使本人认为现在应是投资国内的最佳时机。"

1997年香港回归后，李嘉诚坐言起行，进行庞大投资，主要项目涉及电力工业、房地产业、超级市场、港口码头、玩具产业、中药产业、网络传媒等。每逢一些重点项目竣工或投产，李嘉诚都亲自到场并发表热情洋溢的讲话。

2004年7月，李嘉诚出资9亿元人民币，联合广州国际玩具中心有限公司合资成立广州国际玩具城有限公司，着手打造广州黄埔国际玩具礼品城。图为广州黄埔国际玩具礼品城一角。

2000年至2004年,李嘉诚旗下的"和黄"集团数次与百年老店北京前门大栅栏的同仁堂合作,瞄准中药国际市场。

2004年7月,李嘉诚亲自拍板,出资9亿元人民币,联合广州国际玩具中心有限公司合资成立了广州国际玩具城有限公司,着手打造广州黄埔国际玩具礼品城。2008年8月,广州国际玩具礼品城二期项目又正式启动,广州国际玩具城有限公司投资10亿元人民币建设以动漫为定位的主题公园、动漫研发中心和办公中心,吸引龙头企业和动漫商家进驻,开展多元化业务,集合动漫、玩具、礼品众多相关行业于一体。此举将有力推动"珠三角"文化创意产业圈的建设乃至全国动漫产业的发展。

除提升中国玩具等产业水平之外,进军中药产业、打造中药国际第一品牌则是李嘉诚为香港以及中国经济转型做出的又一重大举措。1998亚洲金融风暴之后,香港特区政府宣布将重点推动高科技和高增值产业的发展,把香港建设成国际中医药中心("中药港")就是其中一个重要目

标。李嘉诚抓住机遇,联手香港新世界集团公司主席郑裕彤,投资50亿美元打造香港"中药港",将香港作为中药国际化的中转基地,带动内地丰富的中药资源,利用"和黄"国际平台,推动中药产品走出国门,进而打入欧、美市场。2001年8月,"和黄"出资50%与上海市药材公司旗下的上海中药一厂合资成立上海和黄药业。2000年至2004年,"和黄"集团数次与百年老店北京同仁堂合作,瞄准国际市场;2004年3月,李嘉诚联手广州白云山制药股份有限公司成立合资公司。至此,李嘉诚的内地中药产业链基本打造成型。2006年4月,分拆和黄中国医药科技公司,在伦敦以另类投资市场独立上市,带动中国中药产业迈出了关键的一步。

2008年起,内地楼市景气不再,而李嘉诚认为,经济继续向好,楼市就会继续向好。一贯坚持"一边卖楼,一边买地"原则的李嘉诚,不失时机

1982年8月31日,李嘉诚的青洲英坭有限公司向大连造船厂订购的"海辉"轮下水。

加快建设步伐。2008 年 9 月投资人民币 46.7 亿元，在上海原地铁 2 号线东方路站旁侧的直角三角形地块上建设商业、办公、酒店综合楼，助推上海小陆家嘴金融贸易区建设。

纵观李嘉诚对香港及内地经济中所做的贡献，我们不难发现，李嘉诚用自己的智慧和心血为富国强民屡屡垂范，爱国赤子之心日月可鉴。在香港经济陷入金融危机的时代，李嘉诚却在开拓新路，大举投资，表现了一种对社会的担当。即使在全球金融海啸影响下的今天，李嘉诚仍然对香港经济和内地经济充满了信心。李嘉诚认为，内地未来经济增长仍然会保持在 8%以上，香港亦具有良好的发展前景。一向具有投资风向标之称的李嘉诚是在用实际行动来支持本港乃至内地经济的发展，这无疑为世人树立了榜样。

李嘉诚投资兴建的青岛太平洋中心。

李嘉诚 1986 年摄于长江实业办公室。

第五章
慷慨捐资
造福社会

"我是从艰苦困难的日子中走出来的,自然深深知道贫穷的滋味。因此,我非常愿意,也非常希望帮助那些贫穷之人解除困境。"

"我不是守财奴,我要那么多钱干什么呢?人的一生,不过是一个匆匆过客。生命对于人只有一次,我认为在我有生之年,如果能在人世间留下一些可称之为痕迹的东西,能为人类作出点贡献,那么,不论将来的结局如何,我便死而无憾。"

李嘉诚是这样说的,在行动上也是这样做的。拥有巨大财富而天性善良的李嘉诚,日常生活从不奢华,在没有应酬的时候,饭菜与普通人的家常便饭没有两样。然而在对社会作奉献的

1994年6月29日和7月2日，李嘉诚先后两次在香港会见潮州市领导人，表示捐款1,100多万元港元，帮助家乡贫困山区兴建50所小学，并亲自命名为"基础学校"。李嘉诚说："我一生最关心的是医疗和教育。"7月11日，香港多家报纸报道了这一消息。

李嘉诚捐资在潮州市兴建的50所基础小学之——潮安县李工坑基础小学。这些搬进校舍读书的孩子们兴高采烈，喜形于色。

李嘉诚捐款扩建的香港三育小学。

善举方面,李嘉诚却从来都是大手笔。1992 年初,李嘉诚在接受《日本经济新闻》记者采访时,讲出了自己本来不想披露的事:"我多年来在内地和香港的捐款,计算下来,每年都有 1 亿港元,很多时候都是以匿名方式捐出,支持本港和内地医疗教育事业的发展。" 为处理有关捐赠事宜,1980 年,李嘉诚以私人名义在香港成立李嘉诚基金会有限公司。至今为止,据不完全统计,李嘉诚个人及下属集团公司向香港和内地的教育、医疗及社会公益之捐款总额已逾 23 亿港元(不包括"汕头第一城"的本利在内),其中以个人名义的捐款占 70%以上,余下的以下属有关公司的名

（上）2001年2月，李嘉诚在访问贵州山区一所小学时，试戴苗族的帽饰，喜笑颜开。

（右）2001年2月，李嘉诚到甘肃偏远山区定西县一所小学参观，了解山区孩子们读书的情况。

（左）2001年2月，在贵州安顺市石头寨小学"西部中小学现代远程教育工程"开通仪式上，李嘉诚与时任教育部部长陈至立一起按钮，电脑即时通过卫星接通互联网，使这所偏远山区小学也能接收到最新资讯。

（上）2005年9月，李嘉诚为香港圣保罗男女中学的扩建工程捐款。图为李嘉诚和长子李泽钜（左二）在观看圣保罗男女中学扩建工程模型。

（中左）2003年12月，李嘉诚与时任教育部部长周济共同主持西部中小学远程教育计划发布会。

（下左）李嘉诚捐资建成的香港迦密中学新翼（李嘉诚楼）。

（下右）1989年2月28日，李嘉诚在香港迦密中学新翼落成揭幕典礼上致辞。

(上)李嘉诚夫人庄月明1961年毕业于香港大学,获文学士学位。她生前恒常思念对母校作出贡献。李嘉诚承其遗志,为港大校舍第四期扩展计划,慷慨捐资3,500万港元,兴建八层高的物理大楼和化学大楼及五层高的学生文娱活动中心,以为纪念。这些建筑分别命名为"庄月明楼"和"庄月明文娱中心",于1994年12月13日举行开幕典礼。图为李嘉诚与王赓武校长在"月明泉"前主持剪彩仪式。

(下)雄伟壮观的"庄月明楼"和"庄月明文娱中心"。

（上）2000 年 6 月，李嘉诚捐赠 1 亿港元给香港理工大学，促进专才教育，推动企业发展。

（左）2000 年 12 月，李嘉诚出席香港公开大学"李嘉诚专业进修学院"捐赠仪式。图为李嘉诚在捐赠仪式上致辞。

（下）2005 年 5 月，李嘉诚基金会承诺向香港大学捐款 10 亿港元。2005 年 6 月，香港大学校务委员会主席冯国经博士及校长徐立之教授会晤李嘉诚，向其致谢。

义捐出。许多大项目的捐款李嘉诚都坚持不公开报道,因此,迄今仍鲜为世人所知。

1989年,李嘉诚捐款 3,200 多万港元,资助香港正觉莲社兴建大坑道护理安老院,使孤寡老人能在那里安享晚年。这座护理安老院于 1990 年建成之后,李嘉诚还经常去探望院中老人,了解他们的生活情况,拨款添置护理器材。此外,李嘉诚还在 1994 年至 1997 年间,捐款总额达 1 亿港元,资助香港兴建了三所护理安老院和一所疗养院。

1991 年年初,李嘉诚承其夫人庄月明之遗志,为香港大学的校舍第四期扩展计划,慷慨捐资 3,500 万港元,兴建两座八层高的"庄月明楼"(物理楼、化学楼)和一座五层高的"庄月明文娱中心"。这些建筑于 1994 年 12 月 13 日举行开幕典礼,为香港大学增添了簇新而美观的校舍。

1998年5月,李嘉诚出席北京大学图书馆新馆开幕庆典。

1992年,李嘉诚捐资 500 万港元作为香港警察子女教育基金,同年又再捐助卫奕信文化信托基金会及大口环根德公爵儿童医院共 1,900 万港元,1993 年李嘉诚长子李泽钜结婚时没有举行婚宴,将 300 万港元捐予天主教教会,同年又捐助大屿山羌山观音寺重建工程 1,000 万港元。1994 年捐资重建明爱庄月明职业先修中学、善后服务会及香港癌症基金会,共达 1,600 余万港元。1995 年则向明天更好基金会捐助 500 万港元。

(上)北京大学新图书馆一角。
(中)北京大学新图书馆内景。
(下)北京大学新图书馆。

1992 年 4 月 28 日，李嘉诚正式宣布，捐资 1,000 万美元，帮助北京大学兴建一座新的现代化图书馆。图为李嘉诚在时任校长吴树青教授(右)陪同下，参观北大老图书馆善本阅览室。

1992年 4 月 28 日，李嘉诚荣获北京大学名誉博士学位后，在北京大学未名湖畔留影。

1992年4月29日,李嘉诚在时任校长张孝文教授(右二)陪同下参观北京清华大学。

2000年9月，李嘉诚在出席清华大学FIT未来互联网络研究中心捐赠仪式上致辞。

清华大学未来互联网络研究中心。

2000年10月,李嘉诚及"和黄"集团决定向北京工业大学捐资1,200万元人民币,用于该综合科技楼的建设。该楼于2003年竣工。图为李嘉诚和王岐山出席北京工业大学综合科学楼启用仪式。

北京工业大学综合科技楼

2001年2月,李嘉诚与时任教育部副部长韦钰(右三)参观兰州大学。

2001年2月,李嘉诚访问贵州大学时,受到师生热烈欢迎。

李嘉诚出席长江商学院 EMBA 和 MBA 毕业生典礼。

李嘉诚与项兵博士一同出席长江商学院 EMBA《与大师同行》系列讲座。

2000年1月,捐款4,000万港元帮助香港公开大学设港岛区教学中心。2000年2月,资助1,000名品学兼优的香港学生到内地访问。2000年6月,捐赠港币1亿元支持香港理工大学的未来发展。2002年4月,捐资2,300万港元助中港两地研究生赴英深造,并于2005年为此再度捐赠200万英镑。2003年4月,在"非典时期",李嘉诚基金会支持"一人一个橙"行动送赠100万个鲜橙,向本港医护人员致意,并为玛嘉烈医院及黄大仙医院免费提供"视像探病服务",让非典型肺炎病人与亲友面谈。为鼓励社会阅读风气,2003年9月,李嘉诚基金会捐资25万港元赞助香港电视台制作十集全新电视节目"愈读愈快乐"。2003年11月,李嘉诚透过"和黄"捐出200万英镑,设立"和黄博士生奖学金",资助内地与香港的研究生往英国修读博士课程。2005年4月,捐款6,000万港元资助香港中

2005年9月,李嘉诚以《强者的有为》为题,发表演讲,勉励330位长江商学院 MBA 和 EMBA 毕业生。

2008年12月5日,刘延东(右二)、李嘉诚等在"长江学者奖励计划"10周年纪念大会上合影。

2008年12月5日,由教育部和李嘉诚基金会合作设立的"长江学者奖励计划"10周年纪念大会在北京人民大会堂举行。中共中央政治局委员、国务委员刘延东,时任教育部部长周济,现任教育部部长袁贵仁出席大会。

李嘉诚为"长江学者成就奖"获得者颁奖。

　　获得李嘉诚奖学金到新加坡管理大学留学的中国内地学生送一幅对联给李嘉诚,感谢他对教育事业的支持。

　　2007年9月,李嘉诚博士与新加坡内阁资政李光耀为新加坡国立大学"李嘉诚大楼"主持开幕仪式。左一为新加坡国立大学校长施春风教授,右一为李光耀公共政策学院院长布巴尼教授。

　　2006年2月24日,李嘉诚博士以《在形与实之间》为题,向出席新加坡管理大学"李嘉诚图书馆"开幕典礼的师生和嘉宾发表演讲。

2002年5月,李嘉诚主持英国剑桥大学"和黄"MRC研究中心牌匾揭幕仪式。

加拿大多伦多大学附属医院圣米高医院的行政总裁罗卓辉为感谢和表扬李嘉诚慷慨捐款2,500万加元在圣米高医院设立知识研究院,特将该院命名为"李嘉诚知识研究院"。图为罗卓辉先生特意到香港"长江集团中心"拜访李嘉诚先生。

2008年4月,美国斯坦福大学校长约翰·轩尼斯(John L. Hennessy)博士亲自到香港会见李嘉诚,感谢他对斯坦福大学的支持与捐助。

文大学成立健康科学研究所;2005 年 5 月，李嘉诚基金会承诺向香港大学捐款 10 亿港元。2005 年 8 月,李嘉诚基金会捐款 1 亿港元支持香港中文大学设立讲座教授席。2008 年 1 月,李嘉诚基金会捐资 4,200 万港元提升香港宁养服务。此外,多年来李嘉诚及下属集团在港尚有许多其他的捐助,未能一一细列。

这一宗宗、一件件助人、救人、育人的慷慨捐资,造福社会之善举,是李嘉诚"为人类作出贡献"精神的集中体现,是他对视为第二故乡的香港和香港同胞怀有诚挚爱心的具体展示。

同样,李嘉诚对祖国内地的教育、医疗、社会公益等方面的捐资也是十分慷慨的。多年来,他为内地做了许多实事,办了许多好事。

1978 年秋,李嘉诚应国务院邀请,以港澳同胞国庆旅行团的贵宾身份,到北京参加庆祝中华人民共和国成立 29 周年的纪念活动。这是自他

由李嘉诚捐资 3,000 万港元兴建的李嘉诚专科诊疗所。该所为香港沙田新市镇及新界东部地区居民提供优质医疗服务。

（上）1991年4月15日，李嘉诚在李嘉诚物理治疗楼开幕典礼上致辞。李嘉诚物理治疗楼坐落大口环根德公爵夫人儿童医院内。

（左）李嘉诚和夫人庄月明在开幕典礼后，与香港总督尤德爵士（左一）、香港医疗卫生署署长唐嘉良（右一）合影。

随父母离开故土到香港后第一次到祖国的首都——北京。李嘉诚"目睹祖国之高速进步，在四个现代化政策推动下，一切欣欣向荣，深感雀跃"。从此，李嘉诚将自己的业务与祖国的改革开放联系在一起。他以拳拳赤子之心，捐款捐物，造福社会。

1979年，李嘉诚重访阔别40年的故乡之后所办的第一件事情，就是向潮州市政府捐建四栋群众公寓及八幢民房，共296个单位，总捐款额达500万港元，以缓解乡亲们当时住房困难的问题。1980年初春，他又主动写信给家乡政府部门，希望能够为家乡再作出贡献。随后，他捐资帮助兴建潮州医院、潮州市中心医院、潮州体育馆、潮汕体育馆、韩江大桥等，并按照母亲的夙愿捐资修缮潮州开元寺，但却婉转地拒绝了族人提议扩建自己祖屋的好意。

他捐巨资创办的汕头大学，更是一座永远树立在潮汕人民心中的具有深远历史意义的丰碑。

李嘉诚与出席李嘉诚物理治疗楼开幕典礼的嘉宾合影。

"一个国家，一个民族的富强，关键是教育和医疗，这是国家的根。就像树干一样，根扎得愈深，枝叶就愈茂盛。"李嘉诚正是基于这样的想法，先后向内地的暨南大学、广州华侨学生补习学校、潮州市教育奖励基金会、潮州市卫生局、潮州市佛教联合会、广东潮剧院、中国孔子基金会、港澳中国文化基金会、广州图书馆等单位捐款。此外，他还捐资帮助兴建了海南人民医院、南澳县人民医院、潮州市庵埠华侨医院、北京炎黄艺术馆等医疗、文化设施。

1989年，李嘉诚到北京办事，恰逢第十一届亚运会集资，李嘉诚毅然把 1,000 万港元的巨额捐赠支票交给为亚运会集资的北京市一位负责人，表示支持办好亚运会。

1991年，华东水灾，祖国告急，同胞告急。7 月 12 日清晨 6 时，李嘉诚听到新闻广播后，立即感到自己责任重大，心想："向华东灾区捐款，我要带这个头。"于是，他立刻打电话给秘书，催其迅速与新华社

（上）1980 年 12 月 8 日，李嘉诚出席由他捐建的香港明爱视听楼开幕典礼。

（下）李嘉诚参观明爱视听楼。

香港分社负责人联系，告之决定以"长实"等四家公司名义捐资 5,000 万港元赈济华东灾民，并再三叮嘱秘书："捐款支票今天下午 3 时前一定要送到新华社香港分社。"从而掀起香港同胞捐款赈灾的爱国热潮，港人情绪澎湃，为开埠以来所罕见。之后，潮汕地区遭受台风袭击，李嘉诚又及时捐赠 500 万港元赈灾，帮助修缮校舍和民房。

1991 年，李嘉诚向中国残疾人福利基金会捐款 1 亿港元，支持中国残疾人的福利事业。在该会一再要求下，1993 年 10 月 5 日才在北京人民大会堂举行捐赠仪式，向社会公开此项捐赠。

1994 年 7 月，李嘉诚决定捐款逾千万港元，帮助家乡潮州市贫困山区兴建 50 所基础小学，为祖国的建设培养人才。

1998 年 8 月，在李嘉诚的捐款资助下，"长江学者奖励计划"启动。通过建立特聘教授、讲座教授岗位制度和长江学者成就奖，推动学术发展。

2000 年 12 月，李嘉诚再次捐赠 1 亿港元支持内地残疾人事业，后又于 2007 年第三度捐款 1 亿港元。

(上左)李嘉诚出席潮州市潮安医院落成典礼时,受到热烈欢迎。

(上右)1980 年 12 月 20 日,李嘉诚为潮州医院奠基。

(下)李嘉诚捐建的潮州医院。

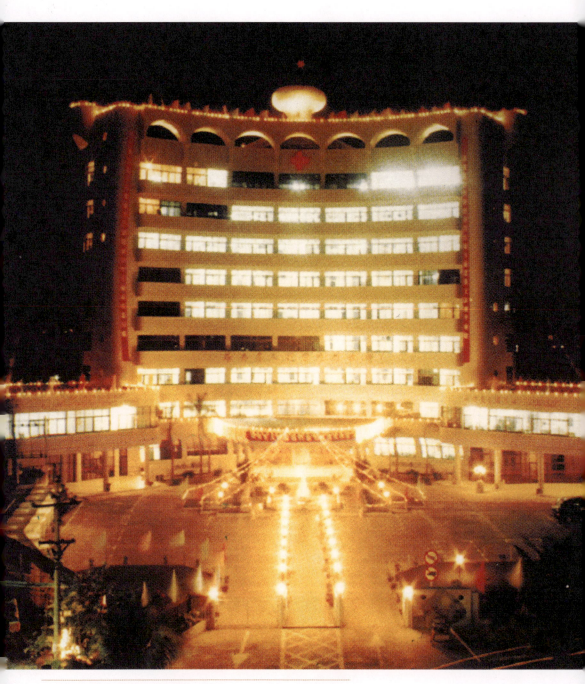

　　1988年至1991年，李嘉诚曾先后捐款420万港元，帮助兴建海南省人民医院门诊大楼。图为门诊大楼夜景。

1992年，李嘉诚捐款帮助兴建的广东省南澳人民医院。

李嘉诚等海外侨胞共同捐建的潮州市潮安县庵埠华侨医院。

2004年12月26日，李嘉诚先生（后排右五）在"关心是潮流"农村扶贫医疗计划的启动典礼上，与广东省潮州市饶平县三饶镇的小学生合影留念。

2004年12月26日上午，由李嘉诚基金会捐资1,000万元支持的"关心是潮流"农村扶贫医疗计划，在广东省潮州市饶平县三饶镇卫生院拉开序幕。

2003年5月，李嘉诚在访问新疆医科大学时，与其附属医院的医护人员合影。

　　李嘉诚与法国巴斯德研究所所长 Philippe Kourilsky 教授见面，落实李嘉诚基金会捐款资助巴斯德研究所与汕头大学医学院、香港大学医学院联合流感研究中心合作计划。

　　2008年4月，国家民政部与李嘉诚基金会合作的"重生行动"（唇裂儿童计划）启动仪式在北京人民大会堂举行。

李嘉诚将捐款支票交给有关香港公益金代表。

　　2001年2月，为响应中央政府全面开发大西北的号召，李嘉诚基金会与长江实业及和记黄埔集团宣布捐资3亿元人民币，开展"李嘉诚基金会西部教育计划"，支持西部地区的教育发展及医疗项目，并与国家教育部合作，致力培育当地人才，引进高科技之基础教育建设，以配合西部的全面发展。

　　2001年5月，李嘉诚基金会决定在国内20所重点医院建立免费宁养善终服务，每年捐赠2,500万元人民币。至2008年，该服务项目已扩展至28所医院，每年捐资4,000万港元，受惠病人达18,000多名。

(上左)1981 年 8 月 1 日，李嘉诚在九龙界限街警察俱乐部游泳池开幕典礼上致辞。李嘉诚为兴建这座游泳池捐资 400 万港元，表示对为社会服务的警务人员福利关注。

(上右)李嘉诚捐资 200 万港元，作为香港科技协进会购置会址之费用和科技进步基金。1987 年 10 月 12 日，李嘉诚出席香港科技协进会会址开幕典礼。

(中左)1989 年 3 月 13 日，李嘉诚将捐款支票交给有关公益金代表。

(下)1992 年 3 月 24 日，香港警务处长李君夏(左)在铜锣湾警官俱乐部接受李嘉诚捐资 500 万港元的支票，作为香港警队子女教育基金。

1993年5月，李嘉诚的长子李泽钜与王富信小姐结婚，婚宴支出300万港元捐于香港天主教教会作慈善用途。右一为胡振中枢机。

2003年7月，李嘉诚基金会捐赠总额超过1,200万港元的优质大米给安徽和云南，赈济受淮河洪涝与云南地震灾害的灾民。

2003年10月，李嘉诚捐资720万元人民币支持潮州广济桥复修工程。

2004年，曾任北京市2008年奥运会申办委员会顾问、多次赞助奥运庆功仪式、嘉奖奥运健儿的李嘉诚在北京人民大会堂举行的奥运捐赠仪式上，捐资1亿元人

1978—1979 年，李嘉诚在潮州市开元路为无房户居民赠建数栋五层楼的住宅，称为"群众公寓"。

民币,用于奥运会的场馆(主要是游泳场馆"水立方")的建设。

2006年3月,李嘉诚基金会与"和黄"合计捐出 2,500 万元人民币,资助广东省公安民警医疗救助基金会,并捐资帮助广东警官学院兴建一座游泳馆。

2006 年 10 月,李嘉诚基金会支持内地的农村医疗计划,通过中国医药卫生事业发展基金会捐款 800 万元人民币,用以支持陕西农村医疗事业的发展。

2007 年 9 月,李嘉诚基金会向海南省农村基层卫生建设扶贫项目捐款 2,000 万元人民币,资助海南农村卫生的建设。

2008 年 4 月,李嘉诚基金会与国家民政部联手,在全国开展"重生行动"唇裂儿童计划。

2008年,四川"5·12汶川大地震"发生后,李嘉诚以基金会、"长

(上)1983年2月,李嘉诚参观开元寺。

(左)李嘉诚捐资修缮的开元寺观音阁。

实"、"和黄"、个人及家属的名义,先后向灾区捐款共达1亿5,000万元人民币。

此外诸多捐赠,不能一一细举。截至2008年11月,李嘉诚基金会及由他成立的其他慈善基金对教育、医疗、文化及公益事业捐助的款额已达107亿港元之多,其中66%用于内地,22%用于香港,其他用于海外。

李嘉诚说:"人生在世能够在自己能力所逮的时候,对社会有所贡献,同

（上）在通车典礼上，浩浩荡荡的车队徐徐通过新建成的韩江大桥。

（中）李嘉诚资助兴建的潮州体育馆。

（下）李嘉诚资助兴建的潮汕体育馆。

1991年,李嘉诚以"长实"等四家公司名义,捐赠5,000万港元,支援华东灾区赈灾。新华社、人民日报等新闻单位以及香港媒体都纷纷作了报道。

时为无助的人寻求及建立较好的生活,我会感到很有意义,并视此为终生不渝的职业。"在他年轻的时候曾经想过创业数年后,把业务出让,获取全家数年的生活费用和学费,再到学校念书求知。但是,不久之后他便想通了,"如果我是医生,也不过只是一个医生的能力而已,一个人不能做许多的事,但一个成功的企业家,可以把他赚来的钱兴办大学,从事教育医疗工作,每年都可以培养数以百计的医生投入社会服务,那不是更有意义的事吗?"故随着事业进展、行有余力的时候,便热心慈善公益,支持内地及香港的教育医疗事业。1980年,他决定成立李嘉诚基金会,致力于公益事业,并透过资助能提升社会能力的项目,达致基金会的两大目标:推动"奉献文化"及培养创意、承担和可持续发展的精神。

(上)1994 年 11 月 25 日，李嘉诚捐建的屯门明爱李嘉诚护理安老院举行开幕典礼。李嘉诚、胡振中枢机(左三)主礼，李泽钜偕夫人王富信出席。

(下)李嘉诚捐建的屯门明爱李嘉诚护理安老院。

（上）1993年10月5日，李嘉诚就向中国残疾人福利基金会捐赠巨款事项，接受中央电视台记者采访。

（中）1992年2月8日，李嘉诚到大坑道佛教李嘉诚护理安老院，向老人拜年，庆贺新春佳节。

（下）1990年8月31日，李嘉诚和觉光法师一同主持大坑道佛教李嘉诚护理安老院开幕典礼。图为李嘉诚率领长子泽钜、次子泽楷礼佛。

(上)李嘉诚为佛教李嘉诚护理安老院的"李云经公、李庄碧琴太夫人纪念思恩堂"揭幕。

(下)1993年10月5日，李嘉诚向中国残疾人福利基金会捐款仪式在北京人民大会堂举行。李瑞环、宋平、李岚清、余秋里、王光英、邓朴方等出席。李嘉诚1991年向中国残疾人福利基金会捐赠1亿港元，支持中国残疾人福利事业。由于该会一再要求，两年后才将此事公之于世。

2003年10月,李嘉诚与潮州市市长骆文智在即将动工修复的广济桥前合影。

　　李嘉诚把一切的捐赠,都看作是自己对国家应尽的义务。潮州群众公寓和民房落成时,有关部门主张将那一地区的主干道改名为"嘉诚路",他反对;潮州医院落成后,提出以他父亲名字命名为"云经医院",他反对;汕头大学礼堂竣工后,提议命名为"嘉诚堂",他也反对……李嘉诚的这种实事求是、淡泊名利的精神受到社会各界有识之士和人民群众的赞赏。

　　2003年8月的一个夜晚,75岁的李嘉诚彻夜未眠,他想了许多许多,并终于决定把基金会当做自己的第三个儿子,把财产的三分之一用于各项公益事业。他为自己的这个决定兴奋不已,"这个思想上的突破,让我开心了很多天!那种安慰、愉快的感觉,实在是笔墨难以形容!"据《福布斯》2007年度统计,李嘉诚拥有230亿美元的资产,但这仅仅是他对"长实"的持股市价,未计算其私人投资。很清楚,基金会未来收到的捐款,将随着李嘉诚私人财富的增长,只会多,不会少。

李嘉诚捐巨资修复后的潮州广济桥。

　　位于北京国家奥林匹克中心的"水立方"，是由港澳台知名人士和海外
爱国华侨共同捐资兴建的，其中李嘉诚为此捐款了1亿港元。

2009年7月24日，李嘉诚基金会的"学生感恩行动"西南财经大学汶川分队奔赴汶川县县城，举办以"建国60周年，历届国家领导人在农村"为主题的图片展，引来无数县城居民驻足观看。2008年四川"5·12汶川大地震"发生后，李嘉诚以李嘉诚基金会、"长实"、"和黄"、个人及家属的名义，先后向灾区捐款共计1.5亿元人民币。

李嘉诚深有体会地说："财富到某一个数字，衣食住行都无虞，握在手里的用途就不大。如果你不能做到慷慨割舍、有爱心的话，是没有太大意义的，顶多就是遵照华人的传统观念，一代交给一代，如此而已。"他又说，"但如果，能将建立社会的责任，看得与延续后代一样重要，选择捐助财产有如分配给儿女一样，那我们今日一念至悟，将为明天带来更多的新希望。"

可见，以身为中国人而自豪的李嘉诚，对祖国和祖国人民始终怀有诚挚的感情和拳拳的爱心，全力协助内地实行改革开放，实现四个现代化，支援祖国、报效桑梓不遗余力。对祖国的事业、祖国的前途，李嘉诚永远充满着信心。

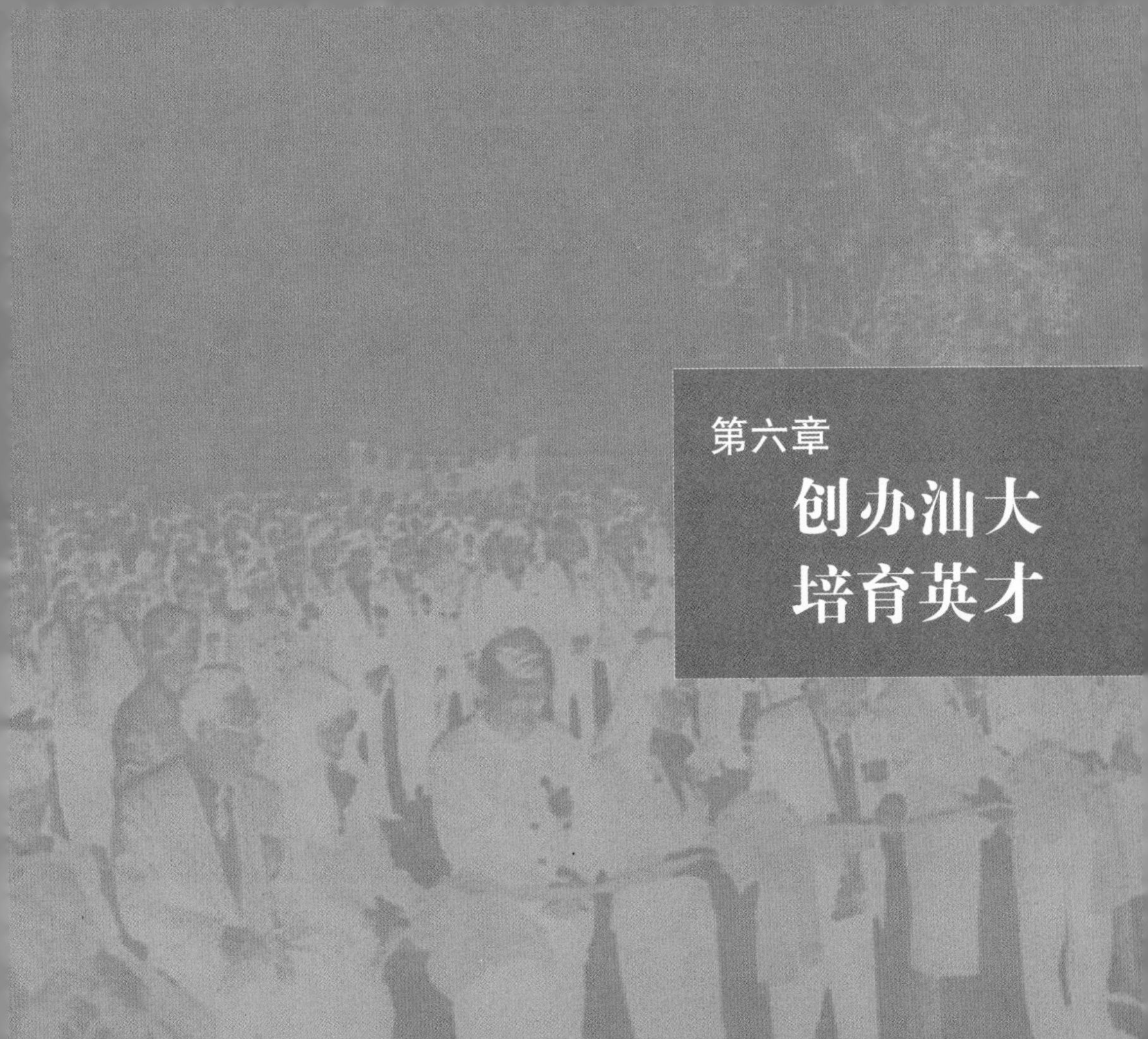

第六章

创办汕大 培育英才

李嘉诚认为，一方土地，一个民族，其兴衰强弱，原因很多，但归根结底，取决于教育的成败。教育兴，则国运旺；教育废，则民气衰。可见，教育对国家的强弱、对社会的兴衰影响之大。要使社会长治久安，国家养才用才，都有赖于教育的发展。

然而，自宋以来，素有“海滨邹鲁”之美誉的潮汕地区，却没有一所大学，不能适应时代的需求。

自 1979 年国家提出实现四个现代化，汕头成为经济特区以来，对专门人才的需求更显得异常迫切。要改善民生，有赖于工农业的发展，而未来工农业的发展则寄望于大批高素质的科技人才。鉴此，创办大学刻不容缓。

　　1986年6月20日,邓小平在北京人民大会堂会见李嘉诚。邓小平在会见李嘉诚时说:"对汕头大学,要办,一定要办好。一开始,就要把汕头大学的质量搞得高一点。教师质量的高低,决定大学质量的高低。"

1979年，李嘉诚产生了要在汕头创办一所高水平大学的念头。他便与也是潮汕人士、一向热心教育、关怀乡梓的挚友庄世平先生道及，两人不谋而合。于是，便积极进行筹备工作。庄世平并引介吴南生参与其事，落实计划。汕头大学（简称"汕大"）于1980年开始筹建，1983年招生。在1987年2月召开汕大第一届校董会议上，李嘉诚任名誉主席，吴南生任主席，庄世平任副主席，

1990年2月8日在汕头大学校门口举行隆重剪彩仪式，热烈庆祝汕头大学正式落成。图为李嘉诚和李铁映为叶剑英写的校名牌匾揭幕。

1990年2月8日，汕头大学正式落成。图为汕头大学新校门。

为发展教育,培育人才,李嘉诚、吴南生(左二)、庄世平(右一)、林川(左一)在一起共商建设汕头大学大计。

汕头大学第一届校董会成员合影。

各人均对汕大的发展关怀备至,作出了重大贡献。

李嘉诚捐资兴学之壮举,不仅得到中央和地方有关部门人士的关注与支持,而且还得到邓小平的赞赏。

1986年6月20日,邓小平会见李嘉诚时说:"你资助教育事业这件事,很值得赞赏,因为教育是个薄弱环节,很需要支持。""你做的事,都是扎扎实实的事。"此次会见后,当时的国家教委立即落实邓小平的指示,鼓励汕大进行改革,允许汕大开放办学,并先后从中国人民大学、复旦大学、南京大学、厦门大学等全国重点高校,抽调一批学科领导人、系主任和骨干教师支援汕大。

为着汕大的创立和发展,李嘉诚倾注了大量的心血。他对汕大的选址、奠基、设计、施工、聘请教师、选购仪器设备等事事关心。他多次主持校董会,研究汕大的发展大计。他希望汕大早日成为国内重点大学,还希望把汕大办成在国际上有影响的一流大学。

李嘉诚在汕大的一次讲话中说:"汕头大学的目标不是要赢取一些虚誉,而是要切切实实地成为一所重点大学,成为一所受人敬重,具有国际地位的高等学府,希望各位体会到本人及诸位校领导对汕头大学的期望及爱护,上下一心,团结一致把汕头大学发展成为重点大学。"

教育部《关于增设汕头大学的通知》。

1983年秋,汕头大学利用临时校舍开始招生。

指点江山，喜看今朝。李嘉诚感慨万端，汕头大学如期落成。李嘉诚与到校贵宾荣毅仁、李铁映、周南、李后、黄幸白等观看汕头大学模型。

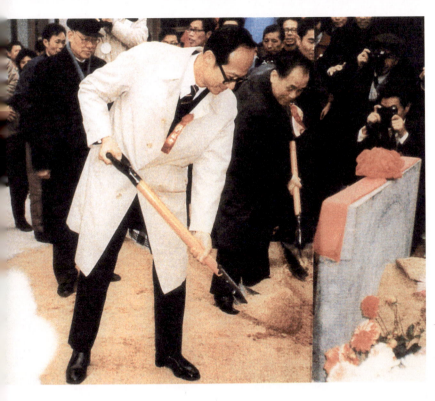

1984年元旦，李嘉诚亲自为汕头大学奠基。

李嘉诚于1980年12月勘察汕头大学校址，左起为庄世平、李嘉诚、吴南生及当时出席者。

汕头大学校训。

汕头大学新竣工的教学大楼。

1990年2月8日在汕头大学
校门口举行隆重剪彩仪式。

汕头大学大礼堂。

汕头大学副校长、图书馆馆长庄威凤研究员(左一)是一位从事天文研究的专家。当李嘉诚先生巡视图书馆时,庄威凤向他赠送她主编的著作。

1989年11月9日,李嘉诚视察汕头大学图书馆。

新建的汕头大学图书馆。

学生在宽敞的图书馆阅览大厅内学习。

被誉为中国高校建筑之花的汕头大学

(上)汕头大学医学院第二附属医院。
(下)汕头大学医学院第二附属医院门诊大楼。

为此，李嘉诚全力以赴，采取了一系列措施。

首先，李嘉诚于 1983 年 5 月捐赠港币 2000 万元，在香港成立"汕头大学学术基金会"。该款存于香港之银行取息或用于投资，收益作为经常费用，基本利息每年约有港币 200 万元，可作汕大与国外著名大学进行学术交流之用。汕大从 1984 年元月起，利用这笔基金的利息，对全校教职员工实行生活补助和职称、职务津帖，每人每月按基本工资加发 20% 作为补助。与此同时，对讲师以上及行政副科级以上者，每月还给予不同数量的职称、职务津贴。

后来，李嘉诚又耗资 500 万港元，特地兴建一座可容纳 120 人的高级多功能学术报告厅和会议室的学术交流中心。在李嘉诚的倡导和推动下，汕大自开办以来，已先后引进数百名外籍教师到校任教，另延请数百名中外专家学者到校讲学、担任客座教授或名誉教授。诺贝尔物理奖获得者杨振宁、李政道、丁肇中、詹姆斯·莫里斯，以及陈省身、丘成桐、潘毓刚等一批世界级数学大师，剑桥大学、伯克利加州大学等世界一流大学的一些

汕头大学医学院第一附属医院夜景。

著名科学家被聘为名誉、客座或兼职教授,并莅临学校讲学。李嘉诚还为汕大成立学术基金,将一批又一批汕大老师送到英国格拉斯哥攻读双学士,派到英、美、澳、德、日等国留学。汕大还先后与英国、美国、法国、日本、俄罗斯、澳大利亚、德国等多个国家的近20所大学建立了密切的学术交流合作关系,制订并实施了本科生、研究生交流计划。

1987年6月和1988年1月,李嘉诚先后捐赠港币750万元和150万元,设立"香港大学李嘉诚奖学金",协助汕大的优秀人才进入香港大学进修硕士或博士学位,学成后返回汕大任教。这项奖学金为期5年,即从1988年起到1992年止,每年资助10名获奖者,共50名,受资助对象包括汕大青年教师及应届优秀毕业生。

汕大还设立教职员工敬业金。1988年至1992年,李嘉诚每年捐款港币300万元,作为汕大教职员工敬业金,其目的在于通过现金奖励的方式,激励全校教职员工专心致志从事教学、科研、管理等工作,推动学校事务的加速发展。从1993年起,对教职员工实行合同聘任制,将工资待遇大幅度提高,至1995年度,李嘉诚平均给予每位教职员工的每月工资

（上）1992 年 4 月 30 日，李嘉诚看望汕头大学医学院第二附属医院的医务人员。

（中）汕头大学和香港中文大学联合创办的汕头大学国际眼科中心。

（下）汕头大学精神卫生中心。

2003年9月，李嘉诚出席汕头大学宁养院五周年大会开幕礼后，与嘉宾参观宁养工作展览。

津贴与国家基本工资及津贴的比率为7比3，同时，还额外追加每年之物价补贴，藉此提高教职员工的生活条件，加速推动汕大的发展。

在1992年内，除基建及仪器设备外，李嘉诚提供的学生教育经费资助金额相当于广东省高教局对每一个学生综合经费资助金额的135%。1995年，该资助金额已递增至220%。李嘉诚说："自己是潮汕的一分子，应竭尽所能为家乡做事。希望潮汕人民体会我的动机，理解我内心的期望。"

1992年11月，李嘉诚私人出资与汕头市达成一项合作发展50万平方米商住写字楼——"汕头第一城"的协议，如一切顺利，预计"汕头第一城"出售后的收入将超过15亿港元。但在协议签署之前几分钟，李嘉诚走到室外，独自一人默默地思索着："自己多年来都不在潮汕地区赚钱，何必现在改变初衷？往后汕大所需经费将不断增加，自己支持汕大又多年了，万一有甚么难以料到的事情发生，汕大便少了一个有力的支持者。"骤然间，他灵光一闪，决定将这项投资永

李嘉诚巡视汕头大学精神卫生中心。前左一为中国著名的精神卫生专家伍正谊教授。

远作为对汕大的支持。于是，李嘉诚回到签署协议的地方，当众公开宣布，把"汕头第一城"的本金和利润涓滴归入汕大发展基金，以作百年大计之用。日后这笔基金利息投资滚存，其款额之巨将难以估计。

李嘉诚于 1995 年 12 月，增捐港币 1 亿元，解决 1996—1999 年之汕大经费缺口；为支持汕大进入"211 工程"，又于 1996 年 1 月应允捐资人民币 1.5 亿元，作为与政府共同支持汕大的积极表示。2000 年 5 月，李嘉诚基金会再捐 6 亿港元支持汕大建设，使中港美知名学者进入新一届校董会。截至 2008 年 6 月，李嘉诚为学校捐资已逾 31 亿港元（包括对长江

1988年1月8日,李嘉诚参加汕头大学医学院第一附属医院平顶仪式。

商学院的直接捐款),先后22次亲临汕大与校董会同仁一起对学校校园规划、办学规模、师资队伍建设、仪器设备的购置、教职员工的生活、学生的学习、生活等日夜运筹,殚思竭虑。他对汕大办学提出的真知灼见,使工作在教育战线上的专家、教授无不深感钦佩!

如今的汕大已成为一所拥有教职工和医护人员3,500多人、在校学生7,000多人的国家重点大学,占地面积1,928.85亩,建筑面积41.69万平方米,设有文学院、理学院、工学院、医学院、法学院、商学院、长江艺术与设计学院、长江新闻与传播学院、研究生学院和成人教育学院共计10

1988年1月7日，李嘉诚到教师宿舍看望外籍教师，对他们不远万里来汕头大学任教表示衷心感谢。

1988年7月26日，李嘉诚会见上海第二医科大学校长王一飞教授，对该校支援汕头大学医学院的教学和医疗工作表示谢意。

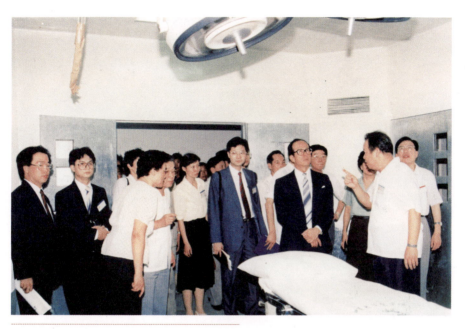

李嘉诚到汕头大学第一附属医院手术室巡视。

李嘉诚、吴南生(右二)、黄丽松(左一)和林川(右一)在汕头大学校园漫步。

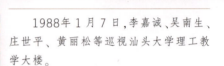

1988 年 1 月 7 日，李嘉诚、吴南生、庄世平、黄丽松等巡视汕头大学理工教学大楼。

李嘉诚在汕头大学实验室参观。

1987 年 2 月 10 日，李嘉诚、吴南生、庄世平、林川、杨应群等汕头大学第一次校董会的成员巡视刚竣工的新校舍。

1992年11月19日，汕头市领导人员吴波与李嘉诚
在《汕头第一城》项目协议签字仪式上签字。

个学院、21个学系、25个本科专业，其中包括国家重点学科1个基础医
学博士后科研流动站1个，二级学科博士学位授权点7个，一级学科硕
士学位授权点2个，二级学科硕士学位授权点47个，教育部重点实验室
1个，广东省重点实验室3个，广东省教育厅重点实验室2个，广东省名
牌专业4个，还设置了"长江学者"特聘教授岗位，从而使汕大形成了一
套从本科生到博士研究生完整的人才培养体系。汕大从创办至今，已为
社会培养出各类人才3万多人。

除院系外，汕大还拥有高水平的科研机构和附属医院。主要有国家
教育部智能制造技术重点实验室、分子肿瘤学国家重点实验室分室、肿
瘤病理学研究室、广东省海洋生物重点实验室、广东省数字信号与图像
处理技术重点实验室、CAD/CAM中心、风洞实验室、结构工程实验室、
FMS实验室和人工智能与模式识别研究所等，实验设备均居国内高校的

2007年7月6日,李嘉诚在汕头大学
毕业典礼上,向其中一位博士毕业生颁发
医学博士学位证书。

李嘉诚与汕头大学学生在一起。

在汕头大学学生食堂，李嘉诚亲切询问学生的生活和学习情况。

李嘉诚、吴南生、许德立、周日方、林维明与汕头大学前几届毕业生代表座谈并合影。

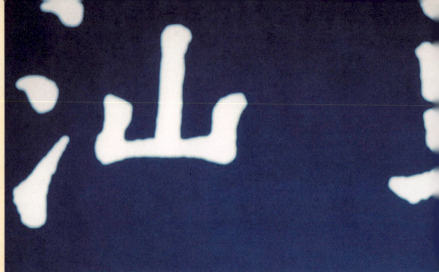

2008 年 6 月 27 日,李嘉诚与中国航天英雄杨利伟共同出席汕头大学毕业典礼。

李嘉诚与汕头大学校长徐小虎合影。

汕头大学校董会名誉主席李嘉诚出席汕头大学毕业礼时，以《打倒差不多先生》为题发表演说，劝勉学生不要学差不多先生。

2001年5月，李嘉诚主持汕头大学商学院经济沙龙。

李嘉诚在第四任校长林维明博士
(右一)陪同下,参观汕头大学机电系,
受到师生的热烈欢迎。

先进水平。医学院有五所附属医院,有 1,700 多张病床,其中第一附属医院荣膺"全国百佳医院"和"三级甲等"医院,为医科学生提供了良好的医疗实践机会。

李嘉诚对汕大的支持,诚如他一再说过的话:

"汕大的事业,始终放在我自己一切事业的首位!"

"就是卖掉办公大楼,我也一定要把汕大办下去!"

"汕大,你是我超越生命的承诺!"

第七章
风云人物
无愧殊荣

40年代的学徒,50年代艰苦创业,60年代崛起于地产界,70年代开创华资财团吞并外资财团之先河,80年代成为入主香港英资财团的第一位华人,90年代集团上市公司之规模为世界华人之首……

在长达60多年的奋斗生涯中,李嘉诚以顽强的意志,不屈不挠的拼搏精神,度过了创业中一个又一个漩流险滩,创造了辉煌的成就,开辟了一条成功之路。

事业上的成功,个人品德的高尚,使李嘉诚逐渐成为海内外华人所敬仰的风云人物。在集团同仁眼中,李嘉诚是一位集胆识才华于一身,有着远见卓识、讲究信誉、沉着冷静、善于应变

邓小平与李嘉诚亲切握手(摄于 1990 年 1 月 18 日)。

（上）李嘉诚获 1980 年香港"风云人物"荣誉称号。图为李嘉诚在 1981 年 3 月颁奖仪式上致辞。

（下）李嘉诚获香港"风云人物"荣誉称号后，与亲友合影。

的企业家；在大众心目中，李嘉诚是对香港和内地的社会发展与进步做出了重大贡献的人物。他的成功，凝聚着和代表了世界华人的奋斗不息的精神。美国颇负盛名的《华尔街邮报》曾赞扬李嘉诚是"华人中真正的男子汉"。内地的报刊、杂志、书籍则称誉李嘉诚是"龙的传人"、"华夏骄子"、"中华英才"等等。

一个为社会不断作出贡献的人，必定会得到社会的肯定和嘉许，同时，也必定会受到中国领导人和国外著名人士的钦慕和接见。李嘉诚所获得的殊荣不胜枚举，在此仅列举些许：

1981年3月，被选为1980年香港风云人物。

1981年5月，荣膺非官守太平绅士衔。

1985年6月，出任中华人民共和国香港特别行政区基本法起草委员会委员。

1985年7月5日，在北京人民大会堂受到邓小平、胡耀邦、李先念、彭真、荣毅仁等的亲切会见。

1986年3月，获香港大学名誉法学博士学位。

1986年3月，获比利时皇室颁授皇室勋章。

1986年4月16日，在北京人民大会堂受到邓小平的亲切会见。

1986年4月20日，在北京人民大会堂受到邓小平的亲切会见。

1987年8月26日，在北京中南海紫光阁受到李鹏的亲切会见。

1989年4月，获英国女王颁授C.B.E.勋爵衔。

1989年6月，获加拿大卡加里大学名誉法学博士学位。

1990年1月18日，在北京人民大会堂受到邓小平的亲切会见。

1990年2月17日，在北京人民大会堂受到邓小平、江泽民、杨尚昆、李鹏、万里等的亲切会见。

1990年2月，获汕头市荣誉市民称号。

1990年12月，获DHL和《南华早报》合办的"商业成就奖"。

1991年12月17日，在广东汕头受到江泽民的亲切会见。

1992年3月，被中华人民共和国国务院聘为首批港事顾问。

1992年4月28日，获北京大学名誉博士学位。

1981年,香港潮州总会公宴,庆贺李嘉诚荣膺
非官守太平绅士和当选香港风云人物。

1985年6月18日,李嘉诚出任中国香港特别
行政区基本法起草委员会委员。图为李嘉诚于1990
年9月16日在基本法起草委员会会上投票。

　　1984年12月19日，中英两国政府关于香港问题
的联合声明签字仪式在北京人民大会堂举行。李嘉诚等
香港知名人士出席了这次签字仪式。

1992年4月28日，在北京分别受到江泽民和李铁映的亲切会见。

1993年2月，获广州市荣誉市民称号。

1993年7月，出任香港特别行政区筹备委员会预委会委员。

1993年10月5日，在北京钓鱼台国宾馆受到李鹏的亲切会见。

1993年10月5日，在北京中南海受到朱镕基的亲切会见。

1993年10月6日，在北京中南海受到江泽民的亲切会见。

1993年10月6日，在北京人民大会堂受到李瑞环、胡锦涛、李岚清、刘华清、乔石、罗干、荣毅仁、王光英等的亲切会见。

1994年3月，获广东省南海市荣誉市民称号。

1994年6月，获广东省深圳市荣誉市民称号。

1994年7月8日，在北京人民大会堂受到江泽民的亲切会见。

1994年11月，获香港《亚洲周刊》主办的"94年企业家成就奖"。

1994年11月，在香港受到吴仪的亲切会见。

1995年2月17日，在北京中南海分别受到李鹏、朱镕基的亲切会见。

1995年3月，获广东省佛山市荣誉市民称号。

1995年11月，获香港科技大学名誉社会科学博士学位。

1995年11月，获潮州市荣誉市民称号。

2000年6月19日，获英国女皇颁发"英帝国爵级司令勋章"。

2000年6月，获得2000年国际杰出企业家大奖，成为获此殊荣的第一位华人企业家。

2001年4月，获香港特别行政区大紫荆勋章。

2003年2月，在北京受到李岚清、陈至立的亲切会见。

2003年9月27，在北京受到胡锦涛、曾庆红的亲切会见。

2003年11月，AIA国际会计师公会和亨达国际控股有限公司共同选出香港工商及财经界"最具影响力的风云人物"，李嘉诚位居第一。

1985年7月5日,邓小平、胡耀邦、李先念、彭真等在北京人民大会堂会见参加中华人民共和国香港特别行政区基本法起草委员会第一次会议的全体委员。这是会见时合影(第三排左五为李嘉诚)。

1986年4月，李嘉诚出席在北京召开的香港特别行政区基本法起草委员会第四次全体会议。4月16日邓小平在北京人民大会堂会见全体委员。左一为鲁平。

1986年6月20日，邓小平在北京人民大会堂亲切会见李嘉诚。邓小平在会见李嘉诚时说："你资助教育事业这件事，很值得赞赏，因为教育是个薄弱环节，很需要支持。"

（上左）1986 年 3 月，李嘉诚荣获香港大学名誉法学博士学位。图为李嘉诚在香港大学为他颁授名誉法学博士学位仪式上。

（下左）李嘉诚获香港大学名誉法学博士学位后，与时任香港大学校长黄丽松教授合影。

（下右）李嘉诚穿上名誉法学博士袍。

1989年4月10日，香港总督卫奕信为李嘉诚佩戴英国女皇颁授的C.B.E.勋章。

1989年6月9日，加拿大卡加里大学举行隆重仪式，授予李嘉诚名誉法学博士学位。图为在颁授名誉法学博士学位仪式上。

1990年12月，李嘉诚获香港DHL和《南华早报》联合主办的"商业成就奖"。

1990年1月17日,江泽民在北京中南海与李嘉诚亲切交谈。

1990年1月17日，杨尚昆在北京人民大会堂亲切会见李嘉诚。

1990年1月18日，邓小平在北京人民大会堂亲切会见李嘉诚。

　　1990年2月17日，邓小平、江泽民、杨尚昆、李鹏、万里等在北京人民大会堂亲切会见出席香港特别行政区基本法起草委员会第九次会议的全体委员。图为邓小平与李嘉诚亲切握手。

　　1992年3月11日,李嘉诚等香港知名人士被中华人民共和国国务院聘为首批香港事务顾问。图为首批港事顾问接受聘书后相互祝贺。

　　1993年7月16日,乔石将香港特别行政区筹委会预委会委员证书授予李嘉诚。

1992年4月28日,江泽民在北京亲切会见李嘉诚和他的儿子李泽钜、李泽楷。

授予李嘉诚先生北京大学名誉博士学位仪式

　　(上)1992年4月28日,北京大学举行隆重仪式,授予李嘉诚名誉博士学位。

　　(下左) 时任北京大学校长吴树青将名誉博士学位证书授予李嘉诚。

　　(下右)1993年2月,李嘉诚获广州市荣誉市民称号。

1993年10月6日,江泽民在北京中南海亲切会见李嘉诚及其长子李泽钜。

2005年1月,在法国巴黎接受法国总统希拉克颁授荣誉勋章。

2006年9月,成为马康福布斯终身成就奖第一位得主。

2006年12月,在吴邦国访港期间,受到吴邦国的亲切会见。

2007年2月,在英国剑桥大学受到英女皇的亲切接见。

2007年3月,获国家民政部2006年度"中华慈善奖终身荣誉奖"。

2007年4月,获全球教育协会TESOL颁发主席大奖。

2008年6月27日,中国航天英雄杨利伟出席汕头大学毕业典礼。

2008年7月8日,在习近平访港期间,受到习近平的亲切会见。

2008年12月,在北京受到刘延东的亲切会见。

……

1993年10月5日,李鹏、邹家华和李嘉诚、李泽钜在北京钓鱼台国宾馆亲切交谈。

1993年12月11日,香港特别行政区筹委会预委会第二次全体会议在北京闭幕。图为李鹏与李嘉诚、曾宪梓(右二)、倪少杰(右一)等在一起。

　　图为(从右至左)刘华清、李瑞环、李鹏、江泽民、乔石、朱镕基、胡锦涛、李岚清等于 1993 年 10 月 6 日在北京人民大会堂出席中国残疾人联合会第二次全国代表大会。李嘉诚(第二排右二)也出席了这次大会,并于1991 年向"中国残联"捐款 1 亿港元,支持中国残疾人福利事业。

1991年夏,李嘉诚在香港与时任中国残疾人福利基金会主席邓朴方会晤。

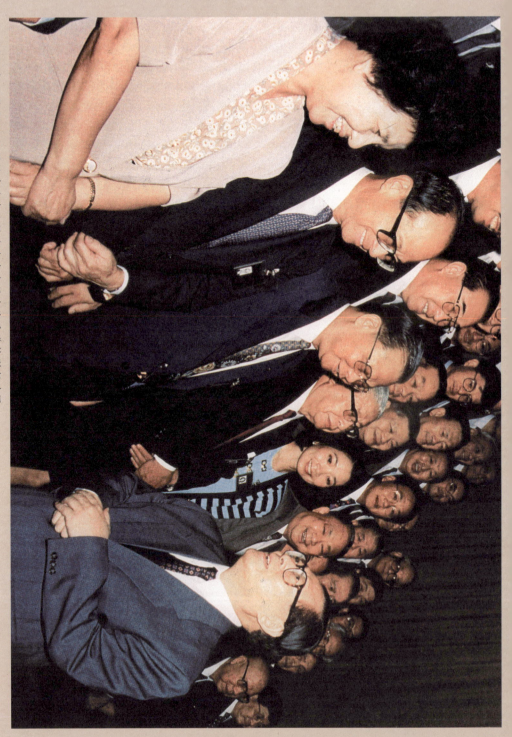

1994年7月8日,江泽民在北京人民大会堂会见出席香港特别行政区筹委会预委会第三次全体会议委员。图为江泽民和李嘉诚亲切交谈。

1993年10月5日,朱镕基在北京中南海亲切会见李嘉诚。

1995年2月17日,朱镕基在北京亲切会见李嘉诚。

1994年11月,李嘉诚与吴仪摄于香港。

　　1994年2月25日,李嘉诚出席香港特别行政区筹委会预委会在北京举行的新春联欢晚会上为大家抽奖。右为中央电视台著名主持人倪萍。

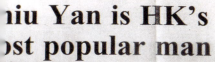

iu Yan is HK's st popular man

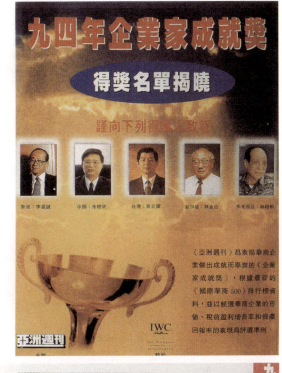

（上左）1994 年 4 月 11 日，香港《虎报》发表《'超人'是全港最受欢迎的人物》，介绍李嘉诚的业绩与声望。

（上右）香港《亚洲周刊》根据最新的《国际华商 500》排行榜资料，并以候选华商企业的市值、税前盈利增长率和资产回报率的表现等评选原则，结果，李嘉诚荣获《亚洲周刊》主办的"94 年企业家成就奖"，并雄居榜首。

（下）《亚洲周刊》1994 年 11 月号刊登关于李嘉诚荣获"94 年企业家成就奖"的文章。

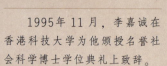

1995年11月，李嘉诚在香港科技大学为他颁授名誉社会科学博士学位典礼上致辞。

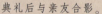

典礼后与亲友合影。

2003年2月，李嘉诚与李岚清、陈至立一同出席第五届"长江学者奖励计划"颁奖典礼。

2007年2月,英国女皇伊丽莎白主持剑桥大学"李嘉诚中心"启用仪式。图为女皇亲切会见李嘉诚。

2005年1月,李嘉诚在法国巴黎接受时任法国总统希拉克颁授荣誉勋章。

2008年6月27日，中国航天英雄杨利伟在出席汕头大学毕业典礼时，把一个设计独特的水晶座赠予李嘉诚。水晶座内显示航天员在月球上步行，寄寓国家在踏出航天员升空的第一步后，将圆中国人在月球上迈步的航天梦。

2008年12月，刘延东与李嘉诚一同出席"长江学者奖励计划"第十届颁奖典礼。

2005年11月，美国加利福利亚州州长施瓦辛格访港期间，李嘉诚特意邀请他到"长江集团中心"大厦观览香港维多利亚海港的秀丽景色。

（上、下）李嘉诚颇受记者的欢迎，时有争相采访盛况出现，随时都可能成为新闻焦点人物。

面对这些殊荣，李嘉诚可谓当之无愧，可他并不为之陶醉。截至 2008 年 9 月 30 日，李嘉诚旗下在香港上市之公司的联合市值为 6,870 亿港元，而李嘉诚仍在勤力工作，仍在为实现人生目标继续努力奋斗，仍在不断为社会做出贡献。李嘉诚自豪地宣称："21 世纪是我们中国人的世纪。"

第八章
勤俭诚信
幸福家庭

　　李嘉诚有一个幸福的家庭。父亲李云经是位守信义、求上进、乐于助人、受人尊敬的典型中国知识分子，对长辈极为孝顺，对晚辈非常疼爱。幼年的李嘉诚常见父亲出门，每次必和祖母话别，回家时也是先到祖母房间请安问好，然后才回到自己的房间。李云经在崇圣小学当校长时，每晚总是先把李嘉诚安睡在床上，然后再在灯下一丝不苟地批改学生的作业。有一个夜晚，天气甚冷，李嘉诚午夜被冻醒，睁开眼睛，静静地看到父亲还在挑灯伏案批改学生的试卷。当他看到父亲的桌子上有两列卷子，已批改的和未批改的都一般高时，顿时深深地感到父亲做一个小学校长极不容易。对于这些事，李嘉诚至今

全家福。

李嘉诚。

李庄月明。

仍记忆犹新。可惜,这位弥留之际仍念念不忘回乡兴学育才的爱国知识分子,壮志未酬即撒手人寰。

母亲庄碧琴出身名门,笃信佛教,善良贤慧,刻苦耐劳。在丈夫病逝之后,她养育三个尚未成年的儿女,历尽艰辛,操劳一生。李嘉诚把对长辈的一片孝心倾注于母亲身上,想尽一切办法使母亲高兴。他工作再忙,也要挤出时间与母亲和妻儿在一起,一边品尝工夫茶,一边谈着家常,享受家庭的温馨与乐趣。每当母亲的生日,他总是要准备精美的蛋糕,一家人欢聚一堂,为母亲祝寿。老母患病住院,他每天和妻子侍奉于病榻之前,悉心照顾护理。他还以母亲的名义,多次捐款修葺潮州开元寺,以表"体念亲心"、"略尽人子养志之责"。

夫人庄月明与李嘉诚是表兄妹,青梅竹马,两小无猜。庄月明钦佩李嘉诚奋力拼搏的精神,李嘉诚也深爱关注他的学业和事业的表妹。他们

李嘉诚在香港深水湾的住宅。这是40多年前购买的一幢三层楼的普通小别墅，如今改变不大。

1968年12月,李嘉诚和长子李泽钜摄于家中。

1969年2月,李嘉诚全家与十叔李奕(云崧)合影。

1976年,李嘉诚与家人摄于家中。

（上、下）1976 年，李嘉诚与家人摄于家中。

结为伉俪之后,庄月明即参与"长实"工作,出任董事。这位毕业于英华女校、获香港大学文学学士学位,并在日本明治大学留过学的知识女性敬业乐群,对公司发展作出了卓越贡献。在家庭中,她尽心尽力,敬老爱幼,相夫教子。李嘉诚赞扬她说:"我太太受过良好的教育。所以婚后她在事业上确实帮了我不少忙,而最重要的是她把家里的事操理得井井有条,使我完全不用为家里的事操心,能集中全部精力来应付事业上的问题。这是我最感谢她的地方。"

李嘉诚信奉儒家"穷则独善其身,达则兼善天下"的处世哲学,一贯勤俭诚信。论资财,他有亿万之巨;论生活,他淡泊俭朴。在创业的艰苦岁月里,他每日凌晨即起床读书,每天工作 16 小时,晚上还坚持自学。事业有成之后,仍保持奋进拼搏的精神和克勤克俭的生活作风。他至今仍住在几十年以前购置的一所旧房子里,吃的是粗茶淡饭,穿的是旧式西装,戴的是廉价电子手表,没有任何奢侈恶习。他说:"我觉得简单的生活更令人愉快。"他清晨喜欢去打高尔夫球,以此锻炼身体。为了节约点滴时间,他于上班途中在车上浏览当天的中外文报刊,了解港内外重大新闻,把与公司有关的内容画出记号或作出批示,到办公室及时交予秘书处理,一切工作多数在办公时间办妥。为了按时赴约,他总是把手表拨快 15 分钟。他懂得工作与休息的辩证关系,以保证有足够的精力去应付繁忙的工作。他平时喜欢与家人好友喝茶聊天,假日或乘船出海,或游泳潜水,或漫步沙滩,或登山赏景,偶然也去异国他乡尝试滑雪的乐趣。他的生活既简单朴素,又多姿多彩。

李嘉诚和庄月明生育二子:长子李泽钜,次子李泽楷。李嘉诚和夫人庄月明深知"人生的黄昏取决于黎明"的哲理,他们对两个儿子自幼便严格教导,一方面使孩子感到家庭的温暖,另一面要使孩子受到良好教育。兄弟俩在香港中学毕业后,李嘉诚夫妇便把他们送到美国斯坦福大学留学,以利将来事业的发展。

李嘉诚教育两个儿子最多的是怎样做人。生活方面要求他们克勤克俭,不求奢华。事业上要求他们注重自己的名声,注意考虑对方的利益,不要占任何人的便宜,要努力工作,信守诺言。他告诫两个儿子:"如果要

李嘉诚、庄月明伉俪和李母庄碧琴摄于 1978 年 4 月 27 日。

李泽钜为祖母切生日蛋糕。

李泽楷给祖母送生日礼物。

李嘉诚公务繁忙,日理万机,但总是要抽出空暇与家人团聚,享受天伦之乐。图片摄于 1973 年。

取得别人的信任,你就必须做到重承诺,在作出每一个承诺以前,必须经过详细的审查和考虑。一经承诺之后,便要负责到底,即使中途有困难,也要坚守诺言,贯彻到底。"

后来,事实证明,李泽钜、李泽楷兄弟俩没有让自己的父亲失望。

长子李泽钜生于 1964 年 8 月,1986 年获美国斯坦福大学土木工程硕士学位。1989 年任"长实"执行董事。1994 年任"长实"副主席。1997 年获香港青年杰出领袖奖。1999 年 1 月升任"长实"董事总经理。同时任长江基建主席、和记黄埔副主席、港灯执行董事等。其他职务包括中国人民政治协商会第九届全国委员会委员、香港策略委员会委员、香港特区政府营商咨询小组成员等。2003 年,李泽钜获选《时代》杂志"2003 年度全球商界最具影响力人物之一"。

1973年5月,李嘉诚与夫人、孩子在海滩留影。李嘉诚喜欢假日带着家人乘船出海、游泳、潜水。

　　李泽钜从商坚守父亲的"稳健中求发展"、"发展中求稳健"的信条,为人谨慎低调,注重传统家庭观念。他处处维护父亲尊严,就在李嘉诚1998年宣布淡出"长实"集团,将集团管理权逐步交给李泽钜手中后,他仍然甘于在幕后默默耕耘。

1970年李嘉诚伉俪与亲人一起享受阳光假期。

李嘉诚与亲友乘船出海，钓到一条大鱼。

冬天,李嘉诚(左)偶尔也到异国他乡尝试滑雪的乐趣。

李嘉诚与外国朋友出海遨游。

李嘉诚每天 6 时起床，以打高尔夫球为一天的开始。他说："我喜欢高尔夫球。我在标准 56 杆小型高尔夫球场打完 18 个洞，还赶得上 9 点钟上班。"

李嘉诚和球友邹文怀（左二）、荣智健（右一）等合影于高尔夫球场。

李嘉诚伉俪出席圣
诞舞会。

1989年6月9日,李嘉诚荣获加拿大卡加里大学名誉
法学博士学位时,与长子李泽钜、次子李泽楷合影。

　　1986年3月27日，李嘉诚荣获香港大学名誉法学博士学位后，与夫人庄月明、长子李泽钜(左一)、次子李泽楷(右一)合影。

李嘉诚偕夫人出席宴会。

李嘉诚的长子李泽钜。

李嘉诚的次子李泽楷。

　　李泽钜已较早组建了家庭。1990 年在加拿大的一次烧烤聚会上,他认识了在哥伦比亚大学攻读工商管理的王富信(现改名为王俪桥),两人于1993 年喜结连理。婚后,李泽钜减少商业应酬,重视家庭生活。1996 年、2000 年、2004 年大女儿、二女儿、三女儿先后出世,2006 年儿子出生。在人们眼中,家庭相当美满幸福。

　　次子李泽楷于 1966 年 11 月出生,于 1987 年获斯坦福大学电脑工程学士。与哥哥不同,李泽楷更强调个人独立,走出一条自己的路。1990 年他进入和记黄埔(和黄)工作,创建香港卫星电视 StarTV。1993 年 7 月 23日,李泽楷只身一人,与全球传媒大亨默多克谈判两个小时,成功地以 9.5亿美元将卫视易手。携着从盈利中分成的 4 亿美元,李泽楷创立盈科拓展集团,在新加坡上市后,改名为盈科拓展,业务包括地产、酒店及保险。1994 年,他被美国《时代》周刊选为全球 100 位领袖之一;1998 年,他又被美国《时代》周刊评为全球计算机数字化领域的 50 名风云人物,居第

李嘉诚和长子李泽钜展示
在海上钓得的大鱼。

1993 年 8 月 1 日，
李嘉诚为长子李泽钜做
生日。

30位。2000 年他提出"香港硅谷"，即数码港的设想，在他的策划领导下，以小博大，与新加坡电讯争购香港电讯，并一举成功，更名为电讯盈科(电盈)。半年后，全球互联网泡沫破裂，电盈连年亏损，直至 2004 年才扭亏为盈。2006 年 6 月起，李泽楷数度对外宣布将出售电讯盈科的核心资产。出售失败后，2008 年 11 月 4 日，李泽楷及其内地国有企业合作伙伴发出要约，终将电盈收归私有。

如今，李泽钜、李泽楷兄弟在香港商界秉承乃父风范，做事稳健，同

1993年圣诞节,李嘉诚与长子李泽钜、长媳王富信到夏威夷度假时,在海上钓得一条大鱼,其兴奋之情,难以言表!

1993年12月25日,李嘉诚和长子李泽钜、长媳王富信及亲友乘船游览夏威夷港。

时又表现出新一代的特点。他们喜欢从事有创意、富有挑战性的工作,遇到困难则显示出潇洒自如、知难而进的从容风度。不难看出,这一对新一辈香港商界的"小超人"具有惊人的胆略和超凡的商业头脑。

李嘉诚欣慰地看到两个儿子的迅速成长和出色业绩,终于可以安心地交接班了。通过多年的精心培养、部署和安排,长子李泽钜和次子李泽楷已具备了挑起"长实"、"和黄"两副重担的实力。年逾八十的李嘉诚希望新一代人能驾驭"长实"、"和黄"等经济旗舰乘风破浪,勇往直前!

李泽楷与其母亲的老师饶宗颐教授合影于香港大学"月明泉"。

1994年12月,李嘉诚捐建的"庄月明楼"落成,李氏一家与香港大学校长王赓武合影。

　　1993年5月16日是长子李泽钜、长媳王富信的新婚喜日。图为李嘉诚与新娘、新郎和新娘父母合影。

　　李泽钜对刚出生的儿子爱不释手。

　　李泽钜、王富信新婚之日在家中花园与父亲、弟弟合影。

大海胸怀。

附录一
李嘉诚访谈录

卢琰源(以下简称卢)：请李先生谈谈儿童、少年时代以及现在所知道家乡的一些情况。

李嘉诚(以下简称李)：年少时对潮州的印象，那是一个古朴的城市。一般人都是保守、勤俭的。男子在外工作，主妇主持家务。此外，有很大部分中等收入的家庭主妇，都是做抽纱工艺品来帮补家计。潮州人对有文化的、曾受教育的人很尊重，记忆中，潮州多年来在教育的表现，在整个广东省中是属于高水平的城市。记得和父亲一起上街的时候，遇到他的人对他都表现得诚恳和尊敬。

卢：请李先生谈谈关于祖父李晓帆、伯父李云章、李云梯及叔父李奕的一些情况。

李：记得我的先祖辈都是读书人，多从事教育或政府公务人员的工作。当时家中有许多藏书，也有许多字画。我出生时祖父已逝世，或许是我出生后不久他便逝世，他是清末的秀才。家中有两位

伯父曾得到日本帝国大学（现今称东京大学）的博士学位。我们的家中
有进士牌匾，先祖是有功名的。当时家境尚可，是一个普通读书人的家
庭，可解决衣食。家中虽不算富有，但也不致陷于饥寒，可说是个清廉的
家庭。

卢：请李先生谈谈关于父母亲一些情况。他们对李先生影响最深刻
的事有哪些？他们使李先生终生难忘的教育是什么？

李：父亲是个聪明、孝顺父母的人。年幼时见父亲出门，每次必和祖
母详谈话别，回家时无论是否携带着食用的物品，也是先到祖母房间请
安问好，才回到自己的房子。祖母也是个曾受过教育的人。

父亲是个要从正途求上进，受人尊重的典型中国读书人，他本性守
信义、向上、乐于助人。母亲是个善良的中国传统家庭主妇，尊敬丈夫，疼
爱子女，可以为家庭牺牲一切，和亲友相处得极融洽，关系极好，又肯吃
苦。

我对父亲有一个极深刻而难忘的印象，便是在 1940 年因逃避日本
人而抵香港后不久，当时极希望能入学校读书，继续求学，但也知道家庭
环境不许可。当时居住的地方邻房有一个和自己年纪相若的女孩子，她
在学校读书，但中文和数学科都不及我。我便教她中文和数学，她教我英
文。当时我年纪还小，但记忆力非常好。不久之后那些书本上的英文已懂
得读和可以背诵出来的时候，便跑去离家不远父亲办公的地方，适值差
不多是下班的时间，父亲正有空闲，我便把书交到他手中，向他说："我要
念给你听，你看对不对？"结果全篇无一字背错，我以为他一定非常高兴，
但竟然发觉他脸上充满极大的伤感而全无欣悦之色。我可以从他眼光中
看到充满痛苦的神情。我立即明白，当时的环境是不容许我继续求学的。
虽然只是一次，但情景永远烙印在我脑海中，我也永远不在他跟前再显
露出求学的渴望了。不久，我便投入了社会工作。

卢：请李先生谈谈少年时代对潮州北门观海寺小学、崇圣小学所知
道的一些情况。

李：我对童年小学时的印象不深。但记忆中学校生活是愉快的。当时没有幼稚园，我四岁时便读一年级。因为祖母有文学根基，又受父亲学识的影响，所以四岁便入学。六年小学后，十一岁便读初中，但上学还没有许多天，日本人便来轰炸潮州市，还亲眼目睹到炸弹自高空落下来。第一次才知道原来炸弹最初下降时是平下的，不是无端向下的。当时便有一大疑问，为什么我们没有飞机将日机打下来，而任由日机轰炸，耀武扬威？同时，也立即产生疑问，什么时候我们的国家可以在敌机飞临领土前把他击下来呢？

回想当时，我读书的成绩比较好，虽然爱玩耍，但考试时成绩还总是在前列的。

卢：李先生在儿童时代最喜欢哪些英雄故事，英雄人物？最喜欢的功课是什么？最喜欢读什么书？

李：儿童时代我对于任何故事书中的民族英雄都很崇拜。孙中山先生是当崇拜对象之一，我们差不多每星期都要唱有关他的歌。对于抗日英雄，对国家对民族有贡献的人我也崇拜。

读书时我最喜欢的科目是历史和数学，因为历史课有故事听，数学科容易学习，数学考试时十次有九次都获满分。

当我在香港失学时，我再不看任何小说了，只爱买旧中学课本看，因为这类书最容易于自修，课本中有问有答，有拟好的问题，可以自行考验自己。我还有一本《辞海》，对我的自修帮助很大。

卢：请李先生谈谈关于日本侵华，尤其 1939 年 6 月日军侵占潮汕地区时的一些情况。

李：记得当潮州被轰炸后不久，我们到附近乡下避难，由于与潮州市接近，每天都看到和听到日本人怎样欺负我们的同胞。每见饥寒迫人，民不聊生，可说人命如草芥。当我逃难时，患上疾病，父亲要回城中替我买药医治。

日本人到来后不久，祖母便因病逝世了。她是终我一生，对我只有

爱,一句话也没有责骂我的女性。当然,她也曾教导我。

卢:请李先生回忆一下 1940 年冬随双亲及弟妹从潮州逃难至香港的经历,路线以及最难忘的事情。

李:我们逃亡至香港其中的一个原因,是长辈中有一人被日本人任命在当地做高官,大概是财政厅长。因为他与父亲甚有交情,每隔一两天便派人来游说父亲回潮州(当时叫潮安城)。说我们生活既困苦,子女又不能上学,兼且坐食山崩,总得解决生活。但父亲坚执不允替日本人做事。当时那位亲友从解决生活着眼,也算好意,不过因来劝说得太多,恐防发生事故,所以对这位亲友只好来个不辞而别,减少麻烦,但心中亦感歉意。

当时在凌晨时分我们取道客家、梅县,再经近淡水处名叫鲨鱼涌的地方(不知现今是否仍是这个名称),乘船到香港。那里没有码头,父亲抱我上船,随后风浪太大,结果父亲自己未能上船,而那条船则载着船上的人离开鲨鱼涌,经七八小时后抵达香港。父亲则于翌日独自抵港。

在全部十余天旅程中颠沛流离,历尽艰辛。记得一次在猛烈太阳下步行,我十分口渴,沿途有溪水,但恐怕饮用后染上传染病,父亲便在路途中设法摘取野果给我解渴,藉此维持到目的地。

卢:1940 年冬,李先生一家人逃难至香港,请李先生谈谈当时香港的一些情况。

李:当抵达香港,只见许多人睡在路旁的露台底下。当时香港没有大规模工业,只有火柴业,制造胶鞋等。一般都是手工业,当时香港是转口港,物价开始高涨,但仍然廉宜。

卢:李先生的父亲辞世时有过哪些遗嘱?李先生对父亲讲了些什么?

李:未说父亲逝世情况前我记得一件事情,他来港前在庵阜(今彩塘)当小学校长。那时他总令我先安睡在床上然后才开始做自己的工作。许多时候他都是利用晚上空暇时批改卷子。有一夜天气甚冷,我午夜醒来看见他的书桌上有两列卷,已批改的和未批改的都一般高,我顿时深深地感到一个小学校长真不容易做。我在被窝中仍感到寒冷,而他要在灯下一丝不苟地改卷,我虽然醒了,但并没有叫他,只是静默地看着他工作,他却不知道我正看着他。

父亲爱家庭,对人和蔼,又爱帮助人,宁可自己吃苦。他有些积蓄,亲友在有困难时,他总会照顾他们。

记得在父亲逝世前三个月,医生说他的病已不能治愈。因为在当时,假如贫穷的话,肺病几乎可以算是绝症的。当时我虽然尚未足十五岁,但因为怕他知道将不久于人世,所以在他的跟前我从未表现过丝毫哀伤。他在过世前不足十小时,我还到医院探望他,他问我有什么话要对他说。

试想一个做父亲的,面对还未足十五岁的儿子,知道家无长物,还有三四个孩子、一个妻子,在无话可以嘱咐的时候,内心是极痛苦的。因为我已具备了勤俭好学的个性,以一个不足十五岁的儿子而有这样的表现,他亦难以再教导我怎样做。父亲进入医院的第一天开始,每天我都风雨无阻地到医院探望他,我以第一时间到医院,逗留到最后时限才离去,同房的病友都不停地说,没有一个病人得到家人同样的关怀和照顾的。

我当时说了一句话,今天仍引以为傲,是这样说:"你一点也不用担忧,我绝对不会让你失望的。"当时百分之九十九时间都是由我说话,因为我明白,若让他说,他会很痛苦的。我以坚定的眼神和信心与他谈话,我不想让他知道我内心的悲伤。

我不想他知道,他的病是没有希望,而且随时可能离开人世。这次见面后,翌日早晨他便逝世,那是最后一面了。

卢:当父亲病逝时,李先生有多大?将父亲安葬在哪里?当时母亲、弟妹都在香港吗?

李:父亲病逝时我还未满十五岁,只能把他葬在义冢,这是我毕生遗憾的事。依香港法例,下葬义冢几年后便要迁出,当再移骨殖时,会再次令人伤心。当我十七八岁经济环境转好,任何亲友的父母、妻子、丈夫病逝有需要时,我总会予以慷慨帮助。1950年我开始经营工厂,由那一天开始,任何厂内的职员都知道我的个性,凡他的直属家人病逝时,我会帮助他们买永远坟地。当时亦不便宜的,但我已负担得起。不要说是朋友,即使入职一两个月的职工,若遇到这些事,我便说那些功德法事可以悭则悭,而我帮助你买一块永远坟地是较为实际的。

父亲病逝之前两年,母亲和弟妹已返潮州。

卢:请李先生回顾一下父亲辞世后的一段艰难经历。

李:父亲逝世后,骤然间成熟得近乎今天的百分之七十。那时我一方面要工作,又要求上进自修,并且遇上肺病的侵袭,唯有在工作和自修之余,争取阳光与空气以求健康,因为那时我唯一可以争取的是免费医疗。

当送父亲入院不久,我自医院中取得有关肺病知识的书籍来看,已清楚肯定自己也患上了肺病,这是在父亲过世前后,世人没有人知道的事。我每次食饭时总找些藉口不和公司同事共食,饭后却向厨工套交情,说因见到父亲患肺病恐有传染,所以用膳前后的碗筷都要用烫水煮过,其实我害怕传染给别人,却以怕别人传染作藉口。当时书籍所记载的肺病病症我全有,如早上咳、痰有血丝、下午潮热、晚上盗汗。那时身高五尺七八寸,只有四十七公斤,但却有非常坚定的信心和意志不让自己倒下去。除日间工作外,还力求上进,买旧书自修,知识入了脑袋后,以旧书再换旧书,又把身体与精神,尽量依照医院那些书本得来知识对付肺病。当时一方面要负担家庭,一方面知道死神在旁伺候,但仍充满信心,可见当时我的意志是何等的坚定。到了十七岁,收入开始转好,这个病才爆发出来。当时已有足够的金钱入院治疗。那时吐的血"一团团",在 X 光下照肺见到两叶肺一个个洞。适逢不久有新药到港,所以几个月后便把肺病治好了。

试想旧时世上无人可以倾吐,有病不能让别人知道,要尽量小心不把疾病传染给别人。同时又要求上进读书温习,要把工作做得好,以便有好表现可以升职,所以说这一段时间是十分艰难的时期,难得的是自己的意志始终如一的坚定,对前景总是充满信心。相信终于会出人头地。这段期间对弟妹的教育也很重视,每月写两三次信给母亲,鼓励弟妹用功读书,他们每次的家庭报告表,都要按期交给我看,可说是兄兼父职。

父亲逝世后,知道自己将挑起全家生活的担子,全家的前途也是依赖自己。所以当时把收入百分之九十九寄回潮州给母亲。自己剪个短短的"陆军装"(极短发),再剪发时头发已长越耳旁,是几个月以后的事了。这是省钱俭用的一个办法,那不过是其中一个例子而已。

卢:据说,李先生曾先后为一家五金制造厂和塑胶公司当过推销员。请李先生谈谈当时的艰苦环境、菲薄待遇和自己勤奋工作的情况。

李:1945年第二次世界大战结束时,我的生活已开始转好,由于一方面勤力工作,同时在那几年发生战事期间积极自修,所得的学识水平,差不多达到中学毕业生的程度,因为有较好的知识基础,做起事来便倍感方便。当时一开始工作便很勤力,十七岁那年肺病痊愈后,差不多每天都工作十六个小时,每星期有五天是这样,其余两天晚上则补习英文。当时每天工作十六个小时是自发性的,日间做批发推销员,清早便出门工作,差不多八时,到利源东西街、苏杭街(今称乍畏街)向做大陆生意的水客(合法带运少量货物回乡的人)推销,九时许向做国际贸易的公司推销,十时许向做东南亚生意的出入口商推销,下午则就上午的来电而继续推销货品。晚饭后自动去做一些额外的工作,便是监督工厂,照应顾客要求取得交货及货物品质的准确性,结果所有的顾客都非常满意。当时公司有几名推销员,我知道自己推销的成绩和第二最高者比较是他的七倍,还记得当时要对别人说大两岁以便给人信心。因我交货准,货质又有一定的保证,买家便信心十足的把订单交给我。还做成我日后在工业发展的基础,因为我曾在夜间监督工作,所以对推销、制造、管理这几方面都有经验。

十八岁时我便做经理,二十岁做总经理,使我在行业中建立初步的信誉。十七岁开始,很多公司愿意付出多两三倍薪金聘请我,但我内心已决定,假如有一天需要离开公司,便不会再受雇,将自行创业。至十七岁开始,家庭的环境已见安定,弟妹在上学,母亲亦无须为经济而烦恼。

在我年轻时曾想过创业几年后,把业务出让,获取数年的全家生活和求学的费用及再到学校求学。事实说，我并不真心喜欢营商，从开始便是这样，但是不久之后我想通了，如果我是医生，也只是一个医生的能力而已，一个人不能做许多的事，但一个成功企业家，可以把他赚来的金钱兴办大学，从事教育医疗工作，每年都可以培养以百计的医生投入社会服务，那不是更有意义的事吗？所以我便放弃了从事教育的志愿，一心一意向商业发展。

卢：李先生是何时走上独立创业之路的？为什么在创业时选中了塑胶这一行业？

李：在1950年以小额金钱，大约以50,000港元开始做塑胶玩具和日用品的生意。当时认为许多家庭用具和玩具可用塑胶品来代替，而且更耐用廉宜，因而发展的潜力大。此外，许多木器、五金用品都可用塑胶来代替，所以对发展这个行业很有把握。

1950年时，全世界制造塑胶最先进技术的是美国，我已具有不少最新制造塑胶技术的知识，因为我爱求识，每个月都订阅有关杂志参考和研究，因而掌握到制造塑胶的新技术。

卢：李先生是如何通过经营塑胶业去开创自己的宏伟事业的？

李：最重要是积极地多学习，多了解市场。在创业初期经历许多艰辛的。正如俗语说"穷人易过，但穷生意难过"。当时由于资金有限，创立的公司尚未为人认识，个中艰辛情况，差不多所有生意人尝到的痛苦，我也尝过。

开创事业当然要如上述的多学习，多了解市场和寻求创新的技术去令产品价廉物美。在创业的第三年后（1950年），我那一家小公司已开始与外国顾客有直接的贸易，不经其他贸易公司做中间人了。

卢：李先生是何时投入地产业的？当时为什么要进军地产业？

李：当时全部厂房都是租的，最初甚而连家居也是租的。业主每两年加租一次，每次的加租幅度都很大，自己想到香港地小人多，虽然有开山填海,但与人口增加幅度比较,土地仍求过于供,所以认为发展物业有良好前途。我在 1957 年开始接触地产,1960 年时已从事较具规模物业生意,当时所得的利润已开始超越工厂的盈利,但自己在 1972 年之前,仍然把经营工厂放在第一位置。

卢:在寸土值千金、竞争激烈的香港,李先生经营地产业曾遇到过哪些风险?是如何进行竞争的?

李:因为年少时经过贫苦艰辛的岁月,亦经过最初创业(1950 至 1957 年)那一段极艰辛的日子,虽然从开始做生意,未尝有一年赔本,也从未试过有一年盈利不破纪录的。以个人而言,直到今天还是这样,但艰辛的经历永远烙印在心中,随时随地都知道应怎样战战兢兢去处理自己的业务。虽然我在商场一向活跃,但我的座右铭是:"进取中不忘稳健,稳健中不忘进取",这种作风,在今天和将来都会保持的。香港地产有过高低潮,但靠着这种作风,在风险中都得以安然度过。

在商场竞争,要建立良好的信誉,便有助事业的发展。除勤力工作外,要善与人合作,也要令人乐于与你合作。信誉是从事商业的人一定要争取的名字。

卢:李先生在香港和海外的地产业主要有哪些?

李:在香港有很多物业,无论港、九、新界都有,包括办公大厦、工厂、仓库、住宅。公司发展的基地是在香港。在海外,比较大型的有加拿大的万博豪园,在美国也有些物业,新加坡也有投资。但若以投资额计算,这些投资和在港的投资相比,是微不足道的。

卢:李先生成为地产界巨子是何时?有何成功的经验?

李:自 1957 至 1972 年,地产的业务都属私人企业。1972 年成为公众公司后,开始积极地发展地产业务。

我并不认为自己是成功的,但说到经验,是不会忘记"进取中不忘稳健,稳健中不忘进取"的格言,还要有资金安全线的概念,在不会冲过安全线的原则下把握机会,发展机会。再者,要有良好信誉,稳健的基础及一群得力的干部,可信任的助手,大家一起去发展事业。最重要的是对整个世界的经济趋势和本地市场的深入了解,范围要广。因在香港投资地产不仅要注意供求问题,还要兼顾整个世界的经济问题,因为每一点都可以影响地产市道的高低。

卢:"长实"是何时"起飞"的?起飞时,社会环境和本身实力怎样?

李:说到"起飞",我认为业务是逐年拾级而上的,自1950年到1993年,每年都有赚钱,四十三年来的业务都在扩展上升。"长实"在1972年之前百分之百属私人拥有。若说名字为大部分港人所认识的要算在1972年上市成为公众公司开始。当时超额认购有六七十倍。股价挂牌后,市价立即上升一倍,所以名字立即为港人所认识。

还记得上市时两家包销商都是有名气的商业银行。开了六七次会,两家公司都希望我以8元上市卖给别人,但我坚持3元。六七次会后,在最后一次,我派了一名高级职员向他们说,李先生宁可自己吃亏让人占便宜来认股。当时招股书估计会赚1,100万元,结果除税后,实赚4,000多万元,即向股东承诺的四倍。这是我做人的宗旨,在过去、现在、未来也是这样,就是不说能力可及以外的话,不吹牛,而是实实在在做事。因此对精神和健康都没有压力,就是因为以此为宗旨处世之故。虽然在快要进入二十一世纪的新时代,尤其是受西方教育的人士看来,这种做法认为太谦虚、太保守。有时我们要进取,但有些事要保守,以信誉来说,要破坏短短时间已足,但要建立自己的信用,便要花很长的时间。

卢:"长实"原来的办公处在哪里?何时迁入华人行?

李:1950年在大道西,占很小地方,该址现已建成高楼大厦。随之一两年后在西环某地加倍,变成两间厂。1957、1958年时迁入独立厂房,是比较有规模的,1958年便开始自建不少厂房。1963年在英皇道的长江大厦,到了1978年,自己建筑完成现在的华人行大厦,并迁入办公。

卢：“长实”是何时从单纯的地产业向多元化企业发展的？

李：都是在 70 年代开始，上市后便逐渐作多元化的发展。

概述如下：

1973 年　参与成立加拿大怡东财务有限公司。

1977 年　收购永高公司。

1978 年　收购青洲英坭。

1979 年　购入和黄大量股份并取得控制权。

1985 年　收购港灯。

1987 年　嘉宏国际集团上市。

卢：李先生为什么要第一个收购英资怡和集团的“九龙仓”？

李：我一向都有注意英资集团在香港控股的办法，他们集团的资产很高，但控股公司所持的股票比例却十分少。当时怡和或九龙仓，甚至置地和渣甸我都有意收购。我在香港以华资公司收购英资公司的原因，是因为过去多数香港人都认为由外国人经营的公司比较可靠，我的目的是想表明中国人经营的公司同样可靠，而且更可靠。

当然他们的控股少，资产高于股票价值，从商业角度看来，是个被收购的对象。但当我购入九龙仓 10% 股权后，股价大涨，与预算不符，故在取得利润后转让给包玉刚爵士。

卢：李先生为什么紧接着收购青洲英坭？

李：我收购青洲英坭的原因当然是因为可以赚取利润，亦有大量便宜地盘可供发展，也认为英坭是香港建筑业中不可缺少的材料。

卢：李先生为什么要从汇丰银行手中收购和记黄埔股权？

李：收购“和记”的原因是希望我的公司多元化，而且不只在香港，在国外亦可发展，使公司更跨进一步，同时该公司有许多资产未有善于运用而发挥它的潜质。自从我取得主权后，业务已有良好的进展，无论利润，公司实际资产，都直线上升。我取得控制权后，虽然最初时我没有做

主席,但实际上我是行政董事会的主席。我个人不计较虚名,但在实际上,我会令权力配合需要,令公司成赚钱的工具。表面的权力我向来都认为不重要,最好让别人做(领导),而实际上要清清楚楚地有所表现。例如香港电灯便是透过"和记"持30%股权。当我收购后,每个人都认为我一定会当主席,但实际上不是这样,当然我不会常加干预,但最重要的决策是要和我商量的。"和记"不少的错误都是在我们收购后予以纠正的。

卢:李先生为什么要收购美国人的永高公司?背景是什么?像这样华资吞并外资的例子有什么重要意义?

李:收购永高也是因该公司的资产值高于股票价值,其次因永高在中环旺盛地点,有希尔顿酒店,在印尼有凯悦酒店。

卢:李先生是何时开始向海外投资的?主要在哪些国家或地区进行投资?有哪些项目?投资金额多少?

李:1967年公司投资海外,若将三家公司资产合计,在海外的投资不超过港币150亿元。

卢:李先生的几家公司目前在香港上市的股票总值达到多少,约占全港上市公司总市值的百分之几?

李:现占市值1,300亿左右,占全港约9%,我个人只占170亿,可以说以170亿市值来控制1,300亿的资产。但我不喜欢树大招风,喜欢默默地踏实去干,但因为全部公司加起来达全港市值9%的关系,所以来说树大招风,很多很多的无谓是非都加在我身上。

卢:"和黄"属下的香港国际货柜码头经营情况如何?装卸能力怎样?今后还能否保持世界处理货柜数目最多的货柜港?

李:香港货柜码头的业务表现得很出色,在世界上以私人码头而言是最大的,占香港总吞吐量的一半。1992年本港已成为世界上最大的货柜码头港,我相信这种情况会继续下去,而且增长得很快,两三年后,会将第二名对手抛得很远，在 1993 年第七届亚洲货运业颁奖礼中获选为"最佳货柜码头经营商"。

卢：李先生为什么要投资兴建香港轻便铁路？这一项目对今后香港的交通起什么重要作用？

李：我们无论在内地或在香港，都喜欢在基本建设项目上投资，事实上，轻便铁路对交通甚为重要，香港地少人多，交通挤塞，如果有轻便铁路，在许多方面都会起很好的作用。但计划现今仍未得到香港政府的批准。

卢：李先生为什么在关键时刻作出购买大连造船厂的四艘远洋货轮和亚洲一号卫星的决定？

李：我们向大连订购船只是 1980 年的事，因为当时大连船厂开始建造大型船只，我当时向大连造船厂订购四艘船。青洲英坭厂当时租用船只运载水泥，那时想到载运水泥原料到香港无需用新船，但新船只则可以租给别人收取租金，想来也不错。当时也很兴奋，因为国家可以建造世界水平的轮船。当时虽然只是四万吨左右，但订购后，船价大跌，几乎不及原来的一半价钱，但我们仍然收船如期下水。在事过境迁后，我们在北京遇到当时一位负责人，他对我说："你是唯一没有向我们提出减价，或说希望取消部分订购的人。"我们始终如约取船，这个决定虽然在商业原则上错了，但我毫不后悔这样做，因为认为这是有意义的事。

亚洲卫星的决定更是值得高兴的事，记得我到了西昌看卫星发射，那一夜天气不甚好，天阴，甚至有雨，已多次拖延时间，亦有说要延期发射。虽然当时香港有许多事要待办理，但我与同事说，即使在西昌再等候一星期我也是乐意的。当时我的内心感到非常非常兴奋，比我四五岁过新年时，第一次燃点火箭时那种兴奋更甚多倍，想到以中国人的火箭把美国人的卫星射上太空，那种兴奋之情真难以形容。当时，在发射之前的两三分钟，我仍在控制室，当快接近倒数时，便立即跑上天台，不愿呆在控制室内，当我看见火箭射向太空，火箭在头顶越过的时候，我跳跃高呼。相信当时若拍得我的照片，都不相信这样年纪的人还这样天真，但我愿意保留这点天真,永远都是这样。

卢:李先生至今在内地的投资主要在哪些地方?有哪些项目?哪些项目已经竣工了?哪些项目还在兴建之中?哪些项目还在意向之中?为什么要选择这些地方投资?有没有向内地的北方或西北投资的计划?

李:在国内的投资是多方面的,有些已经确定及开始,很多发展项目已签订意向书。举例说与美国五十大公司之一的 P&G 合作,在亚洲设厂,而在广州兴洛歇飞机厂和中航合作,设有飞机维修厂。此外我们在上海有集装箱码头,在广东两三处地方也有集装箱码头。一些已开始投入工作,一些在签订最后合约,在深圳、上海、北京、广州、福州、青岛也有投资。中国在多方面腾飞,我们在电力能源方面,公路等多方面都有全力进行投资计划。

卢:1992 年 3 月,李先生和日本八百伴集团合资,在北海道札幌兴建购物中心、住宅楼群等大规模开发项目。现在这一投资项目进展情况如何?

李:北海道投资的项目并没有进行。

卢:在内地"文革"动乱期间以及 1989 年 6 月北京天安门事件后,李先生对香港的发展前景都充满了信心,而 1997 年之后,香港将被收回,那么,李先生对香港的发展前景又持何看法?到 1997 年或 2000 年后,李先生对祖国的发展前景的看法又是什么?

李:中国在邓小平老先生思想指导下,在公正廉明有魄力、有远见现有领导阶层的领导人的确定方针,现有市场经济发展主题下,我国的经济发展是飞跃腾进的,尤其是我看到整个国家的领导都是为了要求人民生活过得更好,为全民族创造更好的明天而努力,可以说现在正在写下民族光荣的史诗。

对于动乱及天安门事件,既然问及,我相信这些遗憾的事,已是历史的陈迹,我们应该珍惜现有的成就,珍惜已在康庄的道上行走,虽然开始有贫富不均的情况,但当一地富庶,邻近的地区一定得益,这是经济发展必然的现象。

对于中国前途，香港前途，我是充满信心，亦充满希望的。我个人认为现在已经是我们中华民族一个新世纪，在五千年文化中写下史无前例的一个民族新世纪，二十一世纪更会突飞猛进。香港的问题和中国有关联，一国两制、基本法，都是好的。个人来说，对基本法极有信心，最重要的一句话是：中国的改革开放，是中国整个领导层所订下的国策，都是为人民过好生活而作的指标，为民族更兴旺而努力的。

当然，一个国家闭门三十年而一旦全面开放，迈向市场经济，为求人民生活更好，为求民族更有前途，不能在发展过程中没有一点人为的小错误出现，有小错误出现是不稀奇的，但是现今的大前途是波澜壮阔的，所以一切是乐观的。

只要政策对、制度好，中国人好好地发挥，我们中华民族是个聪明的民族，只要政策和制度好、好国策，相信我们这一生可以看到我们的民族在世界上将普遍受到别人的衷心喜欢，亦让我们中华民族发出我们早应具有的光辉。

卢：据说，李先生发财致富有"三步曲"（即三个转折点），李先生同意这种说法吗？

卢：李先生的创业道路可以说是一条从无到有，从小到大，从香港到国外，不断发展壮大的成功之路，那么，李先生事业成功的经验有哪些？在成功的道路上，最关键的地方在哪儿？

李：我把上述两题合在一起说。

我不敢说自己的事业有什么成功，但我在待人处事方面有一定的宗旨。做事要切实，生活要简朴、对人诚信和建立良好的信誉十分重要。对别人慷慨和不断追求知识也很重要。当我最初投入社会还很年轻，日间工作后晚上仍然读书，现在我也爱阅读，一方面是兴趣，其次这样才不会与社会脱节。

卢：李先生认为重要的而又未提及到的，可请李先生补充谈谈。

李：教育和医疗是我的终身事业。我做事喜欢低调，不爱宣传，只要我脑筋还灵活，我还会继续在内地和香港不断推动这两项事业。

一个人到世上来，所吃的食物，所接受的服务，许多时候是别人带给你的，所以在这世上当要离去时，要留下一些好好的种子，好好的成果，给现在和将来的人，中华民族的子女都用得着。在人生哲学里，不单只我自己贯彻要这样做，还教导我的两个儿子这样做，人生就要走这样的路，做人才有好好的意义。我一生中绝对没有和别人比较财富，但内心中一生都以自己作比较，去年所做的事有什么值得记下的，今年可以做多些吗？明年又是否可以做得更好呢？财富若能好好利用真是一副极好的工具，但若用错了或只埋没在地下，只会与草木同枯而已，是十分可惜的。

我的人生观，认为人的寿命不能以日历来计算，有些人终其一生或许有一百岁，但会像从未生存过一天，从未到过这个世上一样，因为他对于社会、对国家、对民族而言根本来不来到这个世上是全无关系，这个世上并没有得过他的益处。有些人虽然在壮年或青年，短短的时间便消失了，但他的光芒可以使得民族、国家都会记下他那耀眼的光采，那些光芒照耀着整个中华民族，虽然这些人匆匆地消失，但他的寿命是很长的，长得不能以日历来计算。中国数千年的文化中有些人是别人会永远纪念他，崇拜他，以他为榜样的。这点我绝对不敢说可以学习他们，但我是向做有意义的事的方向走，尽我的能力去做。

我认为"富"的意义是看你对钱财怎样运用，"贵"是看一个人的人格和为人的态度，寿命则不可以日历来计算。

即使是个清道夫，只要他做好本分的工作，对社会便有贡献，比一些只会独善其身，自私自利的人好得多。只要勤勤力力，发挥自己的力量，为别人服务，便是很好的做人目标了。

最后，多谢你的访问。

（编者按：全文由香港长江实业（集团）有限公司主席办公室提供）

附录二
李嘉诚大事年表

1928

·7 月 29 日（农历六月十三日），李嘉诚出生于广东省潮安县府城（今潮州市湘桥区）北门街面线巷 5 号。

1933

·李嘉诚入潮安县府城北门街观海寺小学读书。

1936

·李嘉诚随父转入潮安县庵埠镇（今彩塘）崇圣小学就读至 1938 年。

1939

·6 月，汕头、潮州先后被日寇侵占，李嘉诚只好随父到潮安县郭垄小学就读。

1940

·年初，李嘉诚随父到祖母许氏出生地澄海县隆都镇后沟村避难。不久，全家又逃往文祠镇松坑村躲避战乱。

·年终，李嘉诚随父亲从文祠镇松坑村长途跋涉，历尽艰辛，逃难到香港，其后李嘉诚不忘自学，充实自己。

1943

·李嘉诚的父亲不幸病逝。从此，李嘉诚只好提前挑起赡养母亲和扶养弟妹的重担。后来到香港高陞街一家钟表店当店员，两年后又到一家五金制造厂和塑胶裤带制造厂当推销员。

1948

·李嘉诚任塑胶厂业务经理,后晋升为总经理。

1950

·李嘉诚将自己多年的积蓄和向亲友筹借的 5 万港元, 开设一间小型塑胶厂,取名"长江"。

1957

·在香港北角创建"长江工业有限公司"。

1958

·李嘉诚经过艰苦创业,积累的资金突破 1,000 万港元,决定投资地产业,在北角兴建一座 12 层的工业大厦。

1959

·李嘉诚的北角工业大厦落成。

1963

·李嘉诚与庄月明结婚,继续拓展地产物业。

1964

·8 月,李嘉诚的长子李泽钜出生。

1966

·11 月,李嘉诚的次子李泽楷出生。

1967

·5 月,北京发生"火烧英国驻北京代办处"事件;香港市民"骚动"。

香港许多商贾及业主纷纷"迁册异地",而李嘉诚独具慧眼,有胆有识,积累资金和力量,大量购入地产物业。

1968

·李嘉诚开始在香港 30 多处地盘大兴土木。

1971

·李嘉诚成立"长江地产有限公司"。

1972

·7 月 31 日,李嘉诚将"长江地产有限公司"正式改名为"长江实业(集团)有限公司"(简称"长实")。

·11 月 1 日,"长实"股票获准在远东、金银证券和香港证券 3 个交易所挂牌上市,法定股本 2 亿港元,实收资本 8,400 万港元,分为 4,200 万股,每股 2 港元,升水 1 港元,以每股 3 港元价公开发售,由宝源投资公司和获多利公司包销,认购者十分踊跃,超过发行额的 65.4 倍。

·是年,李嘉诚拥有楼宇面积 35 万平方英尺。

1973

·年初,"长实"股票获准在伦敦挂牌上市。

·李嘉诚联合近二百位塑胶商成立"联合塑胶供应商有限公司"。

·3 月,"长实"与利获家合组"都市地产有限公司",法定资本 3 亿港元,实收资本 1.5 亿港元,双方各占 50%。

·是年,"长实"获纯利 4,370 万港元,为上市时的预测数的 250%。

1974

·李嘉诚购入华人行。

·5 月,"长实"与加拿大帝国商业银行合作,成立"怡东财务有限公司",李嘉诚出任该公司董事长兼总经理。

·6月14日,"长实"股票在加拿大温哥华证券交易所上市。

1975

·3月27日,"长实"发行面值3.4港元的新股,共2000万股,吸收现金6,800万港元,成功购入地皮、楼宇十余处。

·是年,李嘉诚拥有楼宇面积达510万平方英尺。

1976

·2月10日,李嘉诚与汇丰银行联手,着手改建旧华人行。

·是年,"长实"拥有资产净值5.36亿港元,楼宇面积635万平方英尺,纯利达5,887万港元,另有经常性收入653万港元。

1977

·1月14日,李嘉诚投得环球大厦及地铁金钟站上盖兴建权,一举击败"置地"等30多家强劲对手。

·4月,李嘉诚动用现金2.3亿港元,收购美资永高公司1048万股,拥有香港希尔顿酒店,开创华资财团吞并外资财团之先河。

·是年,李嘉诚拥有楼宇面积1020万平方英尺。

1978

·3月23日,华人行改建竣工,"长实"正式迁入使用。这座耗资2.5亿港元的大厦,从拆迁到竣工仅用两年零四天,其建筑速度及效率之高,被誉为香港建筑水准之典范。

·5月,环球大厦开盘分层出售,8小时内,5.92亿港元的物业全部售罄,创下当时楼市价格新纪录。

·9月,李嘉诚已掌握九龙仓18%的股票,与英资老牌怡和系财团旗鼓相当。

·李嘉诚将自己掌握的1000多万股的九龙仓股票转让给"船王"包玉刚,获纯利5,000万港元。

·8 月中旬，李嘉诚出售海富中心，成交总值 9.8 亿港元，创下开盘售楼一天交投最大纪录。

·秋，李嘉诚应邀赴北京参加 29 周年国庆观礼活动，第一次来到祖国首都。随后，他和夫人庄月明女士回家乡潮州探亲访友。这是他阔别梓里 38 年之后第一次返乡。

·11 月始至 1986 年，李嘉诚捐资 500 万港元，为潮州市无房户兴建 4 幢"群众公寓"和 8 幢民房。

·是年，"长实"获纯利 1.32 亿港元。

1979

·3 月，李嘉诚与会德丰联手，发展会德丰大厦。

·6 月，李嘉诚与会德丰再次联手，组建"美地有限公司"，集资 1 亿港元，合作购入香港岛、九龙及新界之物业楼宇近 20 幢；与青洲英坭合作，开发红磡鹤园地段。

·7 月，"长实"与美资凯沙水泥公司、中资侨光置业公司联手，成立中国水泥（香港）公司。另与侨光合组"宜宾地产发展有限公司"，以 3.8 亿港元购入沙田火车站上盖平台发展权。

·9 月 25 日，李嘉诚从汇丰银行购入"和黄"22.49% 的股权，从而使"长实"成为在香港第一个控制英资老牌财团的华资财团，创华资财团在香港成功之先例。

·10 月 2 日，李嘉诚应荣毅仁之邀，出任中国国际信托投资公司董事，协助引进外资工作。

·10 月 15 日，李嘉诚出任"和黄"董事局执行董事。

·12 月，李嘉诚正式出任青洲英坭董事局主席。

·是年，"长实"纯利达到 2.54 亿港元，拥有楼宇面积达 1450 万平方英尺，超过了当时拥有 1300 万平方英尺的"置地"，成为香港最大的地产集团。

1980

· 1月,李嘉诚以母亲李庄碧琴太夫人的名义,捐资修缮潮州开元寺。

· 2月,李嘉诚捐资200万港元给香港东华三院兴建东华三院李嘉诚中学。

· 3月,李嘉诚成立"和记"(中国)贸易有限公司。

· 4月9日,李嘉诚出席海富中心平顶仪式;另与郑裕彤、冯景禧等签订协议,合资兴建广州中国大酒店。

· 5月4日,汕头大学筹备委员会在广州成立。

· 9月4日,李嘉诚正式公开宣布,捐资3,000万港元筹建汕大。

· 11月19日,香港《金融时报》称李嘉诚、夏鼎基、包玉刚、纽壁坚为"香港财经界四大金刚"。

· 11月21日,李嘉诚的"国际城市"公司的股票上市,共发行股票35亿港元,实收股本30.5亿港元。

· 11月,李嘉诚对"和黄"公司控股增至40%。

· 12月18日,李嘉诚与吴南生、庄世平、蚁美厚等到汕头市为汕大选址。

· 李嘉诚捐资2,200万港元兴建潮州市中心医院和潮州市医院。

· 是年,"长实"纯利增至7亿多港元。

· 是年,李嘉诚基金会成立。

1981

· 1月1日,李嘉诚出任"和黄"董事局主席,成为在香港华人入主英资财团的第一人。

· 在香港电台RTHK与美国万国宝通银行联合举办的全港"风云人物"评选中,李嘉诚被评选为1980年度香港的"风云人物",3月2日向李嘉诚颁奖。

· 5月,李嘉诚荣膺非官守太平绅士衔。

· 8月26日,经国务院批准,正式成立汕头大学。叶剑英元帅题写校名,著名经济学家许涤新出任第一任校长。

·李嘉诚以私人名义购得加拿大多伦多的希尔顿大酒店。

·李嘉诚向港澳中国文化基金会捐赠 1,000 万港元。

·李嘉诚被选为香港"十大男士"之一。

·是年,"长实"纯利跃至 13.85 亿港元。

1982

·4 月 10 日,李嘉诚等到广州视察中国大酒店。

·8 月 17 日,李嘉诚主持香港希尔顿大酒店二楼大礼堂开幕典礼,并发表重要讲话,称"长实不迁册,不抛售股票"。旋即,香港股市呈反弹之势。

·青洲英坭向大连造船厂订购"海富"、"海辉"、"海皇"、"海荣"四艘大型远洋货轮。

1983

·5 月 23 日,李嘉诚捐资 2,000 万港元,成立"香港李嘉诚汕大基金会有限公司"。

·7 月 29 日,李嘉诚受到广东省负责人任仲夷、梁灵光、吴南生、蚁美厚的会见。

·9 月,李嘉诚捐资兴建的汕大正式开学。

·12 月 31 日,李嘉诚第二次到汕头市,准备参加汕大奠基典礼庆祝大会。

1984

·1 月 1 日,李嘉诚及梁灵光、吴南生、庄世平等到汕大工地参加奠基典礼剪彩仪式。

·1 月,李嘉诚宣布投资 40 亿港元,发展黄埔花园商住物业。

·3 月 20 日,老牌英资怡和财团宣布迁册百慕大,而李嘉诚则宣布:"'长实'决不迁册","所属公司都在香港注册"。

·6 月 1 日,李嘉诚捐赠 3,000 万港元兴建的沙田专科诊疗所开业,港督尤德爵士主持开幕典礼。

·9月,李嘉诚捐建的东华三院李嘉诚中学落成。

·9月26日,李嘉诚应邀出席中英政府首脑在北京草签关于香港前途的联合声明仪式。

·12月19日,李嘉诚应邀参加在北京人民大会堂举行的中英两国政府首脑正式签署中英关于香港问题的联合声明仪式。

1985

·1月21日,"和黄"斥资29.8亿港元收购原属英资"置地"财团的"港灯"公司34%的股权。

·4月6日至8月,李嘉诚第三次到汕大看望师生,并提出要把汕大办成在全国乃至东南亚及世界的一流大学。

·5月14日,李嘉诚被选为汇丰银行董事局非执行副董事长。

·5月18日,李嘉诚出任中国香港特别行政区基本法起草委员会委员。

·7月5日,李嘉诚在北京受到邓小平等国家领导人的会见。

·10月,李嘉诚收购国际城市公司,与20位商界朋友,共同组建新加坡"新达城私人投资公司"。

·12月,"和黄"下属的"香港国际货柜码头有限公司"投资20亿港元,兴建葵涌6号码头。

·李嘉诚捐资450万港元,帮助家乡潮州兴建韩江大桥。

·是年,"长实"系上市公司的市值高达353.9亿港元,纯利达到29.1亿港元。

1986

·3月25日,李嘉诚获香港大学名誉法学博士学位。另外,被比利时国王赐封为勋爵。

·4月2日,李嘉诚动用2亿港元收购香港20间传呼公司。

·4月16日,在北京出席香港特别行政区基本法起草委员会第四次全体会议的李嘉诚,受到邓小平等国家领导人会见。

·4月17日,李嘉诚"上书"邓小平,希望他为办好汕大"九鼎一言"。

·5 月 10 日,李嘉诚的母亲李庄碧琴老太夫人逝世。

·5 月,李嘉诚捐建的汕大的大礼堂竣工。

·6 月 20 日,邓小平在北京人民大会堂会见李嘉诚,专门谈如何办好汕大问题。

·9 月,李嘉诚购入加拿大赫斯基石油公司 43% 股权,李嘉诚的长子李泽钜也购入该公司 9% 股权,从而取得了控股地位。

·10 月,"港灯"发行 1.03 亿港元新股,集资 10 亿港元。

·10 月 7 日至 9 日,李嘉诚第四次到汕大,落实邓小平关于"汕大要办得更加开放些"的指示。

·11 月,李嘉诚在欧洲发行价值 7.8 亿港元可兑换国泰航空公司股份债券。

·12 月,李嘉诚以私人名义购入英国克拉夫石油公司股权,连同月前以公司名义购入的股权,共占该公司 14.3% 股权。

·是年,"长实"名列香港十大财团之首,李嘉诚名列香港首富。"长实"获纯利 12.82 亿港元,"和黄"获纯利 16.18 亿港元,旗下四大公司上市值占香港上市总值的 13.5%。

1987

·2 月 10 日,汕大校董会成立,李嘉诚出任校董会名誉主席。这是李嘉诚第五次到汕大。

·3 月,李嘉诚将"港灯"一分为二:一为"港灯",主营电力业务;二为"嘉宏",主营地产、酒店、石油等业务。

·3 月,李嘉诚捐资兴建的汕大精神卫生中心竣工。

·5 月 14 日,李嘉诚捐资兴建的 3.1 万平方米的汕大医学院第一附属医院奠基。

·5 月 30 日,李嘉诚捐赠山东曲阜中国孔子基金会 50 万港元,支持儒学研究。

·6 月,"嘉宏"上市,市值 100 亿港元。

·到 9 月 14 日止,李嘉诚集资 103.27 亿港元,成功完成"集资百亿"

计划之后,李嘉诚收购英资大东电报局 4.9% 股权,致力于建立"电讯王国"。

·10 月,香港股市狂泻,恒生指数跌幅达 33%。李嘉诚、李兆基、郑裕彤等人合作,共献"救市良策"。当时,"和黄"上市总值达 200 亿港元。

·10 月 12 日,美国《财富》杂志公布,估计李嘉诚拥有财产 25 亿美元。

·李嘉诚捐资 5,000 万港元,兴建跑马地等三间老人院。

·是年,"长实"获纯利 15.8 亿港元。

1988

·1 月 7 日至 9 日,李嘉诚第六次到汕大,参加校董会、教职工代表座谈会和汕大第一附属医院平顶仪式。

·2 月 24 日,"和黄"与"中信"、大东电报局合作,成立"亚洲卫星公司",共同投资 9.3 亿港元,购买美制"亚洲一号卫星"。

·4 月 10 日,"和黄"下属的香港国际货柜码头有限公司以 70 亿港元投得葵涌七号码头经营权。

·4 月,李嘉城与"中信"公司联手,获得蓝田地铁上盖发展权,兴建汇景花园。

·4 月,李嘉诚和郑裕彤、李兆基、加拿大帝国商业银行等联手,组成"协平世博发展有限公司",竞投得温哥华的世界博览会旧址:兴建"万博豪园"。

·4 月 24 日至 28 日,李嘉诚出席在北京召开的香港基本法起草委员会第七次全体会议。

·5 月 18 日,美国《财富》杂志称,李嘉诚在全球 98 位亿万富豪中位居第 26 位。

·6 月,李嘉诚和李兆基、邵逸夫、周文轩、曹文锦等竞投得新加坡国际展览中心发展权,投资额占 61% 以上。

·7 月 28 日至 30 日,李嘉诚第七次到汕大,参加校董会和教职工代表座谈会。

·10 月,李嘉诚全资收购青洲英坭公司,并出任该公司董事局主席。

·李嘉诚捐资 100 万港元,帮助兴建北京炎黄艺术馆。

·李嘉诚捐资 200 万港元,帮助兴建潮汕体育馆。

·12 月,李嘉诚向迦密中学捐助 325 万港元。

·自当年起到 1991 年,李嘉诚捐资 420 万港元,帮助兴建海南省人民医院。

·是年,"长实"系四大集团公司的上市总值为 677.92 亿港元,占香港上市公司总市值的 11.5%。

1989

·1 月 1 日,李嘉诚获英女皇颁发的 C.B.E 勋爵衔。

·3 月 2 日,李嘉诚捐建的汕大医学院第一附属医院正式开业。

·3 月 16 日,李嘉诚的长子李泽钜擢升为"长实"执行董事。

·4 月 6 日至 8 日,李嘉诚第八次到汕大,参加校董会和教职工代表座谈会,宣布在"长实"内设立一个 14 人的工作班子,负责汕头大学有关工作。

·4 月 10 日, 李嘉诚偕夫人庄月明女士出席港督卫奕信代表英女皇举行 C.B.E.勋爵衔颁授仪式。

·4 月 18 日,"和黄"收购 Quadrant 集团的蜂窝式移动电话业务,成为"和黄"进军欧美市场的起点。

6 月 9 日,李嘉诚荣获加拿大卡加里大学名誉法学博士学位。

·李嘉诚为在北京举办的第十一届亚运会捐赠 1,000 万港元。

·11 月 9 日到 11 日,李嘉诚第九次到汕大,参加校董会和教职工代表座谈会,并宣布在原捐资 3.7 亿港元的基础上再增加捐资 2 亿港元。

·是年,美国《财富》杂志、北京的《人民日报》等均报道李嘉诚名列世界超级亿万富豪的消息。

1990

·1 月 1 日,李嘉诚的夫人庄月明女士因心脏病突发,撒手人寰,享年 56 岁。

·1月,李嘉诚宣布,"长实"投资135亿港元,兴建汇景花园,丽港城、海怡半岛、嘉湖山庄等四项大型物业。

·1月17日,李嘉诚分别受到江泽民和杨尚昆会见。

·2月18日,李嘉诚分别受到邓小平、李鹏会见。

·2月7日至9日,李嘉诚第十次到汕大。他和长子李泽钜、次子李泽楷出席汕大落成典礼。荣毅仁、李铁映、周南、林若、吴南生、庄世平等海内外嘉宾共3000多人参加这次盛大庆典活动。

·2月7日,李嘉诚荣获汕头市荣誉市民称号。

·2月17日,李嘉诚出席在北京召开的香港特别行政区基本法起草委员会第九次全体会议。邓小平、江泽民、杨尚昆、李鹏、万里等国家领导人会见了全体委员。

·4月7日,"和黄"与"中信"、大东电报局合资购买的"亚洲一号卫星",由中国"长征三号"运载火箭发射成功。李嘉诚偕次子李泽楷前往西昌火箭发射基地观看发射情况。

·6月20日,江泽民专程到汕大视察,并题写了"任重而道远"的题词。

·8月31日,李嘉诚和觉光法师一同主持大坑道佛教李嘉诚护理安老院开幕典礼。

·9月30日,"港灯"集团举行百周年志庆活动,港督卫奕信爵士主持"香港电灯节"开幕典礼。

·10月,李嘉诚集团的"卫视"正式开播,覆盖面遍及亚洲38个国家和地区。

·10月22日至24日,李嘉诚第十一次到汕大,参加校董会和教职工代表座谈会。

·12月15日,港督卫奕信爵士向李嘉诚颁发"商业成就奖"。

·12月,《李嘉诚成功之路》出版。

·是年,李嘉诚捐资150万港元,帮助兴建潮州市体育馆。

1991

·4 月 18 日至 19 日,李嘉诚第十二次到汕大,会见留学归国教师和出席教职工代表座谈会。

·6 月 12 日,"和黄"与英国铁行轮船公司(P&C)合作,以 11.7 亿港元购得英国最大货柜港——菲力斯杜港货柜码头 75% 的权益。

·7 月 11 日,李嘉诚以"长实"、"和黄"、"港灯"和"嘉宏"四大公司的名义捐资 5,000 万港元,赈济华东水灾地区。后又捐款 500 万港元,帮助汕头地区的中小学修葺被台风所损坏的校舍。

·9 月 5 日,英国首相梅杰在香港会见李嘉诚。

·9 月 14 日,英国前首相撒切尔夫人参观香港国际货柜码头有限公司,李嘉诚和长子李泽钜陪同参观。

·10 月 22 日,李嘉诚以 4.48 亿港元,购入美国纽约曼哈顿商业中心 49% 的权益。

·11 月 13 日至 15 日,李嘉诚第十三次到汕大,参加校董会和教职工代表座谈会,会见留学归国老师,视察了汕大南澳海洋生物实验站。

·12 月 17 日至 18 日,李嘉诚第十四次到汕大,参加教职工代表座谈会,并应邀出席汕头经济特区成立十周年暨特区范围扩大隆重庆典活动,再次受到江泽民会见,并和江泽民一起参加汕头妈屿海湾大桥开工仪式及庆祝晚会。

·12 月 20 日,李嘉诚致电汕大校长戴景宸,提出捐款总额增至 6.5 亿港元,并申明"对汕大的支持是没有止境的"。

·是年,"长实"系四大集团公司的上市总值为 1,200 多亿港元,占香港上市公司总市值的 15%。

1992

·3 月 11 日,李嘉诚被国务院聘为首批香港事务顾问,到北京参加授聘仪式。

·3 月 12 日,李嘉诚及首批港事顾问受到杨尚昆、李鹏会见,翌日,又受到江泽民会见。

·3月26日,"长实"公布1991年业绩,盈利48亿余港元。

·4月2日,李嘉诚辞去汇丰银行董事局非执行副董事长职务。

·4月,李嘉诚被聘为广东省教育基金会名誉会长。

·4月27日和4月28日,江泽民、杨尚昆、李鹏在北京分别会见李嘉诚。

·4月28日,李铁映会见李嘉诚。

·4月28日上午,李嘉诚及长子李泽钜、次子李泽楷出席在北京王府饭店举行的《李嘉诚与汕头大学》大型画册首发式。下午,北京大学举行授予李嘉诚名誉博士学位仪式,李嘉诚发表重要演讲,随后参观了北京大学校园、教学大楼和生物工程实验室。

·4月29日上午,李嘉诚及长子李泽钜、次子李泽楷到北京清华大学参观访问。

·4月29日到30日,李嘉诚第十五次到汕大,参加校董会和教职工代表座谈会,提出"要把汕大办成全国第一所改革开放的试验性大学",并宣布对汕大捐资增至6.8亿港元。

·4月30日,李嘉诚宣布,捐资3,000万港元,兴建汕大医学院第二附属医院住院部大楼。

·5月1日,"长实"、"和黄"及加拿大的"怡东"与深圳市投资管理公司、中国机电轻纺投资公司组建"深圳长和实业有限公司",此乃李嘉诚首次在深圳投资。

·5月26日,李嘉诚的长子李泽钜出任汇丰银行非执行董事。

·6月27日,李嘉诚向广州市科技进步基金会捐资1,000万港元。李泽钜代表父亲出席捐赠仪式。

·8月,将"嘉宏国际"私有化。

·8月26日,李嘉诚的次子李泽楷正式出任"和黄"董事局执行董事。

·9月,"和黄"与上海港务局联手,共同投资60亿元人民币(各占50%),组建"上海集装箱码头有限公司"的原则协议正式签字,李嘉诚出席签字仪式。

·9 月 21 日,李嘉诚受聘为广州市中华民族文化促进会名誉会长。

·10 月,"和黄" 将 120 万港元赠予中国参加巴塞罗那第 25 届奥运会的金、银、铜牌获得者。

·11 月 18 日,"长实"和"中电"合作,重建红磡鹤园街地段。

·11 月 19 日至 20 日,李嘉诚第十六次到汕大,参加校董会和教职工代表座谈会,并宣布将投资兴建"汕头第一城"的本利全部归入汕大发展基金,以作百年大计之用。

·是年,"长实"、"和黄"、"港灯" 三大集团公司上市总值达 1,324 亿港元,"长实"盈利达 62.66 亿港元,比 1991 年度增长 28%。创历史最高纪录,"港灯"盈利 30.05 亿港元。

1993

·1 月 4 日,李鹏在深圳会见李嘉诚。

·2 月,李嘉诚的长子李泽钜被任命为长江实业集团副董事总经理。

·2 月 1 日至 2 日,李嘉诚第十七次到汕大,会晤第四任校长林维明博士,并表示再捐资 2 亿港元,支持汕大的改革开放。至此,李嘉诚对汕大的捐资总额达 8.8 亿港元。

·2 月 5 日,李嘉诚被授予广州市荣誉市民称号。

·2 月,《李嘉诚传》出版。

·3 月 16 日,李嘉诚投资的"汕头第一城"开发有限公司正式成立。

·3 月 18 日,"和黄"下属的香港国际货柜码头被选为第七届亚州货运业 "最佳货柜码头经营商"。

·3 月 29 日,李嘉诚出席香港地产建设商会新会所开幕仪式。

·5 月,《华夏骄子李嘉诚》出版。

·5 月 13 日,"长实"投资 35 亿元人民币改造福州"三坊七巷"工程的合同在福州正式签字。

·6 月 11 日,李嘉诚投资的珠海电厂签约。

·7 月 16 日,香港特别行政区筹备委员会预委会在北京成立,并举行第一次会议。李嘉诚被任命为首批预委会委员,并受到江泽民、乔石、李

瑞环、朱镕基、荣毅仁、钱其琛等领导人会见。

·8月18日,福州"三坊七巷"工程奠基,李嘉诚等出席奠基典礼。

·10月5日上午,李嘉诚到北京出席"和黄"与深圳东鹏实业有限公司合资组建的"深圳盐田国际集装箱码头有限公司"的签字仪式。签字仪式前,李鹏和朱镕基分别会见了李嘉诚。

·10月5日下午,李嘉诚向中国残疾人福利基金会捐赠1亿港元仪式在北京人民大会堂隆重举行。李瑞环、李岚清、邓朴方、李嘉诚及李泽钜等出席了这一仪式。

·10月6日,江泽民在北京中南海会见了李嘉诚及其长子李泽钜。江泽民称赞李嘉诚是一位"真正的爱国者"。

·10月6日下午,李嘉诚出席在北京人民大会堂举行的中国残疾人联合会第二次全国代表大会。

·11月28日,李嘉诚投资的珠海电厂奠基。

·12月9日至11日,李嘉诚出席在北京召开的香港特别行政区筹委会预委会第二次全体会议,受到李鹏会见。

·为支持将汕头市建成现代化国际港口城市,李嘉诚从1993年起在汕头投资2.5亿元人民币,参与汕头海湾大桥建设;投资6,120万美元,参与三座发电厂建设;与汕头市政府合作,投资1亿美元,建设珠池港现代化集装箱码头;与汕头市建材集团合作,投资1.4亿元人民币,兴建汕头水泥厂。

·李嘉诚的次子李泽楷被委任为和记黄埔集团副主席。

1994

·1月,李泽钜被委任为长江实业集团董事局副主席。

·1月5日,李嘉诚在北京出席香港特别行政区筹委会预委会经济小组会议。

·1月7日,北京首次应用"长实"资金进行大规模危旧房改造和"康居工程"建设项目,李嘉诚出席在人民大会堂举行的合同签字仪式。

春·李嘉诚下属公司与重庆市签订"康居工程"合同。该项工程建筑面积达 500 万平方米,第一期工程双方投资 10 亿元人民币。

·3 月 28 日,李嘉诚获广东省南海市荣誉市民称号。

·4 月,李嘉诚与汕头市政府签定合同,投资 20 亿元人民币,在汕头兴建 2 万套,共 120 万平方米的"美观、实用、经济、安全"的微利房,到 2000 年可使 7 万汕头市民迁入新居。

·4 月 11 日,李嘉诚的长子李泽钜被委任为国务院第三批港事顾问。

·6 月,李嘉诚获广东省深圳市荣誉市民称号。

·6 月 29 日和 7 月 2 日,李嘉诚在香港先后两次会见潮州市领导人陈远睦、黄福永等,表示捐资 1,100 万港元,帮助家乡贫困山区兴建 50 所基础小学。

·7 月 8 日,江泽民在北京人民大会堂会见出席香港特别行政区筹委会第三次全体会议的委员们。李嘉诚出席了这次会议并受到会见。

·11 月,李嘉诚获香港《亚洲周刊》主办的"94 年企业家成就奖"。

·11 月 23 日,李嘉诚出席"1997 后香港与内地经贸关系研讨会",并以《两地投资》为题发表重要演讲。

·11 月 25 日,李嘉诚捐建的屯门明爱李嘉诚护理安老院举行开幕典礼。

·12 月 8 日至 10 日,李嘉诚出席在北京召开的香港特别行政区筹委会第四次全体会议。

·12 月 13 日,李嘉诚捐建的香港大学"庄月明楼"(物理楼、化学楼)和"庄月明文娱中心"举行开幕典礼。李氏一家出席了开幕典礼。

1995

·1 月 17 日,李鹏在北京中南海紫光阁会见李嘉诚,并对他长期在内地投资建设表示赞赏。

·8 月 5 日,支持首届华人物理学家大会在汕头大学召开,获诺贝尔奖的李政道,杨振宁、丁肇中、李远哲等出席。

·8 月 18 日,李嘉诚及一批关心香港前途的商界人士组织"香港明天更好基金会"。

·8 月 30 日,其中有李嘉诚参与投资的新加坡新达城隆重开幕。

·11月2日,李嘉诚获香港科技大学名誉社会科学博士学位。

·11月10日,李嘉诚获潮州市荣誉市民称号。

·12月5日,江泽民参观汕大,李嘉诚亲自安排接待。

·12月28日,李嘉诚被委任为香港特别行政区筹备委员会成员。

·12月30日,李嘉诚再捐资1亿港元支持汕大。

1996

·1月,李嘉诚再给汕头大学捐资1.5亿元人民币。

·2月6日,"长实"集团宣布集资53亿港元。

·7月17日,"长实"集团分拆的长江基建集团有限公司上市,结果4间上市公司(长实、和黄、港灯、长建)市值当日超过3,500亿港元。

·是年,第三期《资本》杂志公布香港富豪榜,长实系3间上市公司市值3,250亿港元,占全港上市公司总市值的13.7%,居全港财团榜首。

·同年,李嘉诚控股的"和讯"集团在英投资,组建的电讯公司Orange("橙")上市。

1997

·Orange("橙")公司在李嘉诚父子的运作下,成为英国排名第三的移动电话经营商。其后,"和黄"决定分拆上市,赚回41亿港元特殊收益。

1998

·8月,在李嘉诚的捐款资助下,"长江学者奖励计划"启动,通过建立特聘教授、讲座教授岗位制度和长江学者成就奖,推动学术发展。

·12月22日,"长实"集团董事会正式宣布,从1999年1月1日起,李嘉诚将辞去董事总经理一职,该职将由长子李泽钜接任。李嘉诚将继续留任集团主席。

·12月,"长实"以1亿港元价格收购位于香港大坑道胡仙的虎豹别墅。该别墅是虎标万金油创办人胡文虎、胡文豹兄弟俩共同创建的,占地约 15 万 6 千平方英尺。

1999

·1 月 1 日,李嘉诚长子李泽钜接任"长实"集团董事总经理之职。李嘉诚继续留任"长实"集团主席。

·2 月,据北京市工商局统计,本市已累计注册外商投资企业 14062 户,其中注册资本占第一位的外企是李嘉诚的北京东方广场有限公司。

·5 月 18 日上午,国家主席江泽民在北京钓鱼台国宾馆会见李嘉诚先生,对他多年来积极支持国家建设和资助内地教育、慈善事业表示赞赏。

·6 月 29 日,英国剑桥大学授予李嘉诚名誉法学博士学位,表彰其为教育事业的无私奉献和高尚情操。

·6 月 20 日,在美国著名财富杂志《福布斯》公布的世界富豪排行榜中,李嘉诚以资产净值为 127 亿美元名列第 10 位。

·8 月 16 日,李嘉诚家族旗下的盈科数码动力集团(盈动)斥资 5,400 万港元购入 Outblaze20% 的股权。

·9 月 24 日,"盈动"与美国 CMGI 结盟,互换股份。

·10 月 15 日,"盈动"购入时富网上金融 5% 股权,斥资 47 亿元入股 13 家公司。

·10 月 21 日,李嘉诚以"和黄"主席身份宣布,以 1,130 亿港元的价码,出售其所持有的电讯公司 Orange("橙")的 44.81% 股权给德国工业公司(Mannesmann),以此换取后者 10.2% 的股权及 440 亿港元现金及债务票据。这是香港有史以来获利最多的交易。

·12 月 28 日,"盈动"与日本光通信共同入股金力国际,占 75% 股权。

·是年,李嘉诚旗下的"和黄"公司通过竞投,赢得 2020 年前的巴拿马运河拓宽后的运营权。

2000

·2 月 6 日,"盈动"入股"和黄"系的 Tom.com,占 5% 股权。

·2 月 13 日,"盈动"宣布计划与香港电讯合并。

·2月29日,"盈动"正式宣布,以359亿美元的股份和现金,收购香港电讯54%的股权,合并后的新公司市值超过700亿美元。此属亚洲最大的电讯收购案。

·5月,李嘉诚旗下的"长实"、"和黄"与广东南海市盐步的东方数码城达成合作开发意向。

·6月19日,英国女皇为李嘉诚颁发"英帝国爵级司令勋章",表扬其对英国企业、教育及医疗事业作出的贡献。

·6月,李嘉诚获得2000年国际杰出企业家大奖,成为获此殊荣的第一位华人企业家。

·6月23日下午,国家主席江泽民、国务院总理朱镕基先后会见李嘉诚等30多位香港工商界知名人士所组成的访京团。

2001

·2月,李嘉诚基金会、"长实"、"和黄"宣布捐出3亿元人民币,开展李嘉诚基金会西部教育计划,以支持中国西部地区的教育及医疗项目,培养当地人才,支持西部发展。

·2月,在国家教育部安排及领导陪同下,李嘉诚率领基金会人员前往中国西部多个城市作实地访问考察,落实捐助多个大型教育项目。

·2月,李嘉诚捐资1,600万元人民币在国内16家医院为贫困的晚期癌症病人提供免费善终服务。

·4月,李嘉诚获香港特别行政区大紫荆勋章。

·4月,李嘉诚的蜡像正式成为香港的伦敦杜莎夫人蜡像馆的成员。

·5月,李嘉诚麾下传媒旗舰Tom.com宣布进军台湾出版市场,合作伙伴是当地著名出版家詹宏志。李嘉诚斥资4.7亿港元入股。

·6月22日,在美国著名财富杂志《福布斯》公布的本年度世界富豪排行榜中,李嘉诚以资产净值为126亿美元的财富,位居第18位。

·8月,"和黄"出资50%与上海市药材公司旗下的上海中药一厂合资成立上海和黄药业。

·12月4日,李嘉诚捐赠1亿港元给香港理工大学,并在捐赠仪式上发表了题为《成功3Q》的演说。

2002

·1月,李嘉诚的"和黄"集团旗下的"和黄港口"公司斥资17亿港元,收购韩国"现代商船"集团旗下的3个货柜码头。

·5月初,李嘉诚旗下的"和黄"集团通过竞投,赢得广州黄沙地铁站上盖和华南板块的海怡半岛开发权。

·7月,长江生命科技在短短几天内解决了300多亿港元的认购资金,超额认购120多倍,掀起了香港当年集资热潮的第一浪。

·9月,麾下Tom.com宣布,与三联书店签订成立合营公司的合作意向书。这是港资首次获准在内地发行出版物,参与纸质媒体广告经营。

2003

·7月,李嘉诚发行2100万新股,注资3,000万美元,正式入主华侨电视娱乐广播有限公司(华娱卫视)。

·10月,李嘉诚与长子李泽钜携手,击败美国资产管理公司,以6.5亿加元(约合38亿港元)买入加航的31%股权,从而使这家加拿大最大、全球十一大航空公司免于破产的可能。

·11月,AIA国际会计师公会和亨达国际控股有限公司共同选出香港工商及财经界"最具影响力的风云人物",李嘉诚位居第一。

·是年,李嘉诚宣布,未来将把三分之一的个人财产捐作公益慈善事业之用,有关资产将放入被他称之为"第三个儿子"的李嘉诚基金会。

2004

·5月,李嘉诚旗下的"和黄"(中国)有限公司与广州白云山制药厂签订意向书,各出资50%成立一家合资企业,从事中成药和中药材的生产、加工、科研、开发、销售、批发、采购及出口等业务。

·12月,李嘉诚旗下的"和黄"地产以10.05亿元人民币总价,成功拍得了西安高新区727亩国有土地的使用权,标志着"和黄"地产正式进入西安房地产市场。

2005

·5月,李嘉诚正式完成了重组南方知名中药企业白云山的项目。至此,李嘉诚的内地中药产业链基本打造成型。

2006

·4月,和记黄埔有限公司发布公告称,分拆旗下和黄中国医药科技公司,并在伦敦另类投资市场,独立上市,计划筹资4,000万英镑。这是李嘉诚打造中药国际第一品牌的关键步骤。

·4月,李嘉诚基金会已累计捐款1.1亿港元在内地推广宁养服务计划,关怀晚期癌症患者。

·是年,李嘉诚以188亿美元的资产,在《福布斯》杂志2006年世界富翁排名榜上升至第10位。

·9月,李嘉诚成为马康福布斯终身成就奖第一位得主。

·10月,李嘉诚旗下公司入股中国人寿保险(海外)股份有限公司。

·10月,和记黄埔集团巴拿马港口公司与巴拿马政府签署一项协议,投资10亿美元,用于巴拿马运河港口扩建工程。

·是年,李嘉诚的"长实"、"和黄"系在武汉、重庆、天津、上海和北京大量投资地产和收购物业。

·同年,美国《财富》杂志评选出世界最有钱的华人共40位,李嘉诚位居榜首。

2007

·1月,李嘉诚的和记电讯国际有限公司宣布在越南以HT Mobile为品牌,推出覆盖越南全国的最新移动通讯服务。并透过HT Mobile品牌,双方在越南推出领先的CDMA2000 1XEV-DO网络。

·1月,李嘉诚旗下公司获以色列电讯局颁发为期20年的当地固网通讯服务牌照。

·2 月，李嘉诚的和记电讯国际有限公司宣布与 Vodafone Group Plc 附属公司订立具有约束力的协议，出售 Hutchison Essar Limited 的 67% 直接和间接股权及贷款权益，总现金代价（不包括费用、开支及利息）约为 111 亿美元（约 870 亿港元）。

·2 月，李嘉诚的和记黄埔港口与 Saigon Investment Construction & Commerce Company Limited (SICC) 达成协议，共同兴建、发展及经营位於越南巴地头顿省 (Ba Ria Vung Tau Province) 一个新货柜码头，名为越南西贡国际货柜码头（Saigon International Terminals Vietnam Limited），其经营权为期 50 年。

·3 月，李嘉诚的和记电讯国际有限公司宣布，PT Hutchison CP Telecom（HCPT），为印尼当地市民提供 GSM 移动通讯服务，并在雅加达首阶段推出 3G 服务。

·3 月 8 日，李嘉诚向新加坡国立大学李光耀公共政策学院捐款 1 亿新加坡币(逾 5 亿港元)，创立教育及学术发展基金，设立教授席及 40 个硕士奖学金等。这笔捐款一半由李嘉诚基金会捐出，其余则由"长实"及"和黄"分别捐出四分之一。

·3 月，李嘉诚获国家民政部 2006 年度"中华慈善奖终身荣誉奖"。

·3 月，在美国著名财富杂志《福布斯》公布的世界富豪排行榜中，李嘉诚以 230 亿美元的资产，由去年的第 10 位跃升至第 9 位。

·4 月 2 日，李嘉诚基金会再次为内地残疾人捐款 1 亿港元，支持由中国残疾人联合会、李嘉诚基金会合作的"长江新里程计划"第二期，包括残疾人假肢服务、脑瘫儿童康复、高科技助残就业及残疾预防等，预计将有 10 余万残疾人直接收益。

·4 月 2 日，李嘉诚获全球教育协会 TESOL 颁发的主席大奖。

·4 月 19 日，李嘉诚基金会捐款 200 万英镑，资助牛津大学发展全球卫生计划，在亚洲地区特别是在中国内地建立全球卫生科研网络。

·5 月 11 日，李嘉诚与国际资本联手，向全球首个提供高清网上电视服务的 Joost 网站注资约 4,500 万美元，推动 Joost 加快产品开发和提供服务，并在全球扩充市场。

·5 月,李嘉诚的"和黄"与重庆南岸区政府签订合同,以 24.5 亿元人民币正式接手南岸杨家山片区 2,500 亩土地的开发。

·6 月 29 日,李嘉诚基金会捐款 300 万加元设立教授席,资助卡尔加里大学推动创新教育。

·7 月 25 日由李嘉诚基金会、老牛基金会和美国篮球协会(NBA)携手合作的全新社会公益项目——"2007 NBA FIT 篮球训练营"在北京正式启动。

·9 月 13 日,李嘉诚基金会向海南省农村基层卫生建设扶贫项目捐款 2000 万元人民币,资助海南农村卫生的建设扶贫项目的发展。

·11 月 8 日,"和黄"于巴基斯坦卡拉奇兴建新货柜码头。

·11 月 27 日,李嘉诚旗下的 TOM 集团发布以 15.71 亿港元私有化 TOM 在线的正式公告。

·11 月 26 日,李嘉诚的"和黄"旗下公司在墨西哥圣樊尚港投资 2 亿 4 千 4 百万美元建设的新货柜码头投入使用。

·11 月、12 月,李嘉诚频繁减持中资航运中国远洋与中海集运 H 股股份,分别套现 51.67 亿港元和 24.04 亿港元现金。

2008

·1 月,李嘉诚间接注资民润农产品配送连锁商业有限公司,借此扩大内地零售业务。

·1 月 29 日,李嘉诚基金会捐资 4,200 万港元提升香港宁养服务。

·2 月,李嘉诚的"和黄"、"长实"的合资公司——上海和联房产开发有限公司最终以超过 11 亿元人民币的价格获得了上海市嘉定区一块综合用地。

·4 月 2 日,李嘉诚基金会与国家民政部联手,推广"重生行动"——全国唇腭裂儿童("唇裂儿童")计划。

·4 月 15 日,李嘉诚旗下的上海和黄白猫有限公司以 10 亿元人民币增资项目正式获国家商务部批准,拟将把和黄白猫打造成可以与像宝洁这样的国际日化巨头相抗衡的本土日化龙头企业。

·4月28日，李嘉诚的长江基建集团以48亿港元收购新西兰惠灵顿配电网络。

·4月29日，李嘉诚基金会赞助美国斯坦福大学成立创新知识研究中心，推动革新医学教育与研究。

·5月13日，四川"5.12汶川大地震"的第二天，李嘉诚基金会及长子李泽钜立即捐款3,000万元人民币支持灾区。

·5月14日，李嘉诚的次子李泽楷向四川汶川地震灾区捐款2,000万元人民币。

·5月19日，李嘉诚再以李嘉诚基金会、"长实"、"和黄"的名义捐款1亿元人民币，用于为四川"5·12汶川大地震"灾区学生设立特别教育基金。加上此前李嘉诚基金会及长子李泽钜、次子李泽楷共捐出的5,000万元人民币，李嘉诚家族共计捐款已达1亿5千万元人民币。

·5月21日，李嘉诚基金会出台第三轮捐款计划，决定为四川"5·12汶川大地震"的灾民安装义肢。并坦言，只要捐款对改善灾情最有实际效果，未来不排除再捐款赈灾。

·7月7日，李嘉诚父子盛情邀请正在香港访问的国家副主席习近平喝早茶。

·8月8日，李嘉诚携家人出席北京奥运会开幕式。

·9月，在第四届杰出华商大会上，李嘉诚蝉联全球华商富豪500强之榜首，其个人财富达2,278亿港元。

·9月，针对"东亚银行将在短期内倒闭"传闻和即将发生的挤兑危机，李嘉诚大手笔买入东亚股份，并增加在东亚银行的存款，协助香港特区政府与金管局力撑东亚银行。

·10月17日，李嘉诚与中共中央政治局委员、广东省委书记汪洋在广州会面时表示，未来8年将继续加大在内地的教育捐资，李嘉诚基金会将捐资20亿元人民币建设汕头大学。

·10月28日，李嘉诚以约1.75亿港元增持和记电讯国际2023万股，至此，持股量增至66.47%。

跋

　　我，总想写写他—— 一个神奇、睿智、机敏、勤奋、诚信、简朴、善良、伟大而又平凡的中国人，一位举世闻名的成功者和 "真正的爱国者"——李嘉诚。

　　我一直以来非常敬佩李嘉诚先生。早在 1978 年，中国改革开放初期，我就是李嘉诚先生的 "粉丝"。打从那时起，我就开始有意识地摘录、复印、剪贴、搜集和研究有关李嘉诚先生和他的 "长实"、"和黄" 等集团公司的报道、文章、书籍和照片。至今，我已收藏有关李嘉诚先生的文字资料和各种黑白、彩色照片足足有五大行李箱，其中文字资料逾 300 万字，照片 6800 多张。不仅如此，在三十年之前，我就梦想有朝一日，能亲眼见到李嘉诚先生，并亲自采访他，报道他，讴歌他。后来我的梦想真的变成了现实。那是一个刻骨铭心的日子——1990 年 2 月 8 日——李嘉诚创办的汕头大学落成庆典之日。那天，李嘉诚先生偕两位公子李泽钜和李泽楷一同闪亮出席汕头大学落成庆典活动。那天，我意外有幸地被邀请采访这一庆典。就在这一天，我不仅多次亲眼见到李嘉诚先生，而且还零距离与他亲切握手、短距离与他寒暄，近距离为他拍照。当晚，我正在清理斩获 "战果"（胶卷）数量时，时任国家教委港澳台办主任王復孙到我下榻的酒店探望我。出乎意料的是：指定要我为国家教委写一本书，名字就叫《李嘉诚与汕头大学》。乍一听，突兀有如接奉敕命，遂感这是讴歌李嘉诚先生的绝好良机，当然也是我的不次之荣幸！当即，欣然答应。

　　我回到北京，向单位领导汇报此事，立即得到赞许。不日，我不负使命，又飞回汕头大学，进行紧张的采访、调研、组稿工作。我经过三个多月的编撰，一本图文并茂的大型画册《李嘉诚与汕头大学》书稿送到王復孙主任手里。经他润色之后，该画册于 1992 年 4 月 8 日正式以国家教委的名义出版问世。

　　随后，我又先后为国家教委采编了《霍英东教育基金特刊》、《华夏教育基金特刊》、《邵逸夫教育基金特刊》、《曾宪梓教育基金特刊》等大型画册。期间,霍英东先生先后两次邀请我访港,其中有一次我随从王復孙主任造访华人行,受到李嘉诚先生热情接待,并合影留念。

翌年4月,我突然接到李嘉诚先生的中英文邀请函,要我随国家教委代表团一同访问香港,我喜出望外!我们抵港后,李先生特意单独把我安排住在当时香港最豪华的宾馆——希尔顿酒店,我受宠若惊!4月6日,李嘉诚先生在香港华人行二十二楼举行菲酌宴会,出席者有:国家教委港澳台办主任王復孙、副主任丁雨秋、香港南洋商业银行董事长庄世平先生、香港大学原校长黄丽松博士,还有我这个小辈。在宴会前的茶叙上,我大胆地向李先生提出要为他再主编一本大型画传《李嘉诚》的设想,他当即微笑着摇头,婉拒,后来在庄世平先生和王復孙主任再三劝说下,李先生才满脸堆笑,首肯同意。当天下午,李先生嘱托秘书把上百张有关他个人生活照片送到我下榻的酒店,我如获至宝,笑逐颜开。

4月8日中午,庄世平先生在香港一家豪华酒楼宴请我。席间,他以冀望、鼓励、鞭策的目光,带着慈祥的微笑,意味深长地对我说:"卢先生,你是新华社的资深记者,又是一位青年作家和摄影家,你肯定知道,在我们国家的政界有伟大的领袖,但你未必知道在我们国家的商界也有伟大的领袖。他是谁? 我个人认为,他就是李嘉诚先生。李嘉诚先生是我们世界华人的佼佼者,是我们世界华人商界的伟大领袖。他艰苦奋斗的人生,他的智商,他的人品,他的慈善之心,他的爱国之心,他对祖国的教育、医疗、卫生事业的贡献,等等,都为我们世界华人树立了伟大领袖的榜样。前天中午,李嘉诚先生宴请你时已经首肯,邀请你创作他的个人画传。这是一个极好的机会,你应该抓住这个机遇,深入采访他,讴歌他。如有时间,如有兴趣,如有可能,我建议你专门研究他。我深信,你将一定大有收获,一定大有成果,因为在李嘉诚先生的身上,有你研究不完的课题。李嘉诚先生将永远是你创作的源泉。"当我聆听完庄老这一席话后,微笑着向他点点头,说:"我很赞成您的观点和意见,我将不辜负您的期待!"

去年,庄老虽不幸作别红尘,驾鹤西去,但他的谆谆教诲,他的慈眉善目,他对祖国的忠诚和贡献将永远辉耀于中国华人的绚丽史册!也将铭记在我的心坎之中！人民对他的思念直到永远、永远……

过了几天，我向李嘉诚先生辞行，从香港回到了北京。当我向单位领导汇报访港情况之后，脑海里忽然萌生出成立一个专门研究李嘉诚的机构的想法。尔后不久，在我的倡导和努力下，终于成立了一个"李嘉诚研究室"，我首任该室主任。从此，我和李嘉诚先生结下了不解之缘，走上了一条专门研究李嘉诚的必由之路。

自那时起，我被抽调出来专门从事编撰大型传记画册《李嘉诚》的工作。由此，我和李嘉诚先生以及"长江集团中心"主席办公室常有信件往来和资讯交流。期间，李嘉诚先生还多次邀请我访港。经过较长时间的采访、求证、编撰、翻译工作，一本图文并茂、汉英对照的大型传记画册《李嘉诚》终于在1996年夏天截稿。经上级审定通过后，我冒着酷暑，负笈赴港，将一本厚重的《李嘉诚》书稿呈送李嘉诚先生，请他最后过目审定。

在这次访港期间，我曾在下榻的尖沙嘴喜来登酒店给李先生写了一封信，信中曾以五言赠之。李先生收悉后，叮嘱秘书给我打来电话，对"五言"深表赞赏和感谢。我听后，欣喜。便请著名书画家、国画大师刘海粟的夫人夏伊乔女士将其书写成大型条幅（见本书扉页），由刘海粟大师的入室女弟子、著名国画家潘小娴小姐送至华人行，敬赠李嘉诚先生笑纳、惠存。

1996年11月，正是香港回归祖国之前夕，一本精美靓丽、图文并茂、汉英对照的大型传记画册《李嘉诚》在香港印刷出版面世。当时，我闻讯感到由衷的欣慰！

不久，我在广州突如其来收到李嘉诚先生一封亲笔署名的私函，全文如下："琰源先生惠鉴：新华出版社出版《李嘉诚》大型传记画册，本人深感荣幸。欣蒙阁下主编，并远赴有关地点蒐集及求证资料，耗费不少时间及心血，工作态度认真，殊足感佩，本人谨此具函致谢，并祝新年称心胜意。耑此奉达 此颂台祺 李嘉诚谨启 一九九六年十二月七日。"我读完惠函，感纫万分，顿时热泪盈眶，爰复系作七言绝句一首："神品画页有图真，宛若凌烟彩绘新。吾系功人工不一，桃李且可说相因。"从那到今，我一直把李先生的这封信函珍藏在我的手提密码箱中，并铭刻在我的心田里……

韶光荏苒，斗转星移，转眼间，时代的指针已定格在2007年7月1日。为庆祝香港回归祖国10周年，我应香港"作协"、"文联"的邀请，又一次访问香港。当几位作家，还有几家大报、杂志的"大佬"联合在维多利亚酒店盛情宴请我时，他们一致向我荐言："香港已经回归祖国10周年了，其间，不仅香港和内地都发生了日新月异的变化，而且李嘉诚已荣寿八秩，还有了第三个"儿子"（笑指"李嘉诚基金会"），他创建的"商业王国"已比10年前更加辉煌。另外，据知，内地有十多家出版社及一些"攒手"，公然不顾国家出版法，严重侵犯《李嘉诚》的著作权益，这是不允许的！因此，《李嘉诚》也要与时俱进，应给其输入新鲜"血液"，对其重新"装修"，给其崭新的'容貌'。同时，这也是对那些不法的侵权者的一种严正回击！"

我听后，深感言之有理。返回北京后，我马上坐言起行。经报告请示，很快得到批复：同意修改后再版发行。

在一年多的时间里，通过查阅和参考李嘉诚先生及其"长江集团中心"主席办经理区小燕小姐先后向我提供的"长实"、"和黄"、"长建"等5家集团公司的网址、电子邮箱以及寄来的光盘、文字资料、彩色照片和相关书籍，我满怀信心地重新对《李嘉诚》进行了"修饰"和"包装"。在整个"工程"进展中，我以原画传为基础，将其第九章并入第七章，还删减了些许原照片，增加了几十幅新彩片。同时，还增添了两万多文字。经过精心修改，使画传更加充实、丰满、生动、美观和大方，更能反映和彰显主人翁李嘉诚的艰苦、卓越、辉煌的历程和灿烂人生。

在对《李嘉诚》重新"修饰"和"包装"的过程中，先后有十多家出版单位争相向我要求得到《李嘉诚》的再版权，我一时难以定夺。在此之际，国家新闻出版总署的朋友及时给予了我大力支持和协助。他们指示我，先内部"竞投"，后放手"决定"。在我权衡和考量之后，最终决定将《李嘉诚》，还有一本《李嘉诚箴言录》的出版权一并给了信望可佳、绩效可观、享誉不凡，且在全国出版界坐序前列的江西人民出版社。承蒙该出

版社社长徐建国、副社长游道勤的厚爱，这两本书很快被列入重点出版书目之程序。现在，《李嘉诚箴言录》已经出版发行，《李嘉诚》不久也将再版面世。

回溯《李嘉诚》的出版和再版的前前后后，使我感慨万千！今年，是2008年，恰巧喜逢李嘉诚先生八十华诞，也恰好在今年，《李嘉诚》也已付梓再版。这的确值得可庆可贺！为此，我怀着真挚之情，向李嘉诚先生敬赠"千龄锡嘏，福寿维祺"之词，以示贺之。同时，我还要借这块方寸之地，首先要由衷感激李嘉诚先生曾数次邀请我访港，在百忙之中，又多次会见我，接受我的采访，并在《李嘉诚》的创意、编撰、设计、出版和再版的过程中，给予了无私的关心、亲炙和襄助。这些都令我终生难忘。同时，我还要忠心感谢"长江集团中心"主席办经理区小燕小姐以及她的下属，是她们为我提供了翔实而又丰富的文字资料和照片，并给予多方教正，为此付出了尤多的心血。此外，我还要为《李嘉诚》的出版或再版作出了奉献的顾问、编委、设计师、编务人员以及其他朋友一并聊表深切的谢意！

《李嘉诚》，虽然图文聚珍，精益求精，但由于主编的学识和能力所限，难免粗疏讹舛，挂一漏万，敬祈广大读者拨冗惠赐匡正，不胜致谢！

主编：卢琰源

2008年6月13日于北京

《李嘉诚》编辑委员会名单

李嘉诚先生和卢琰源主编合影。

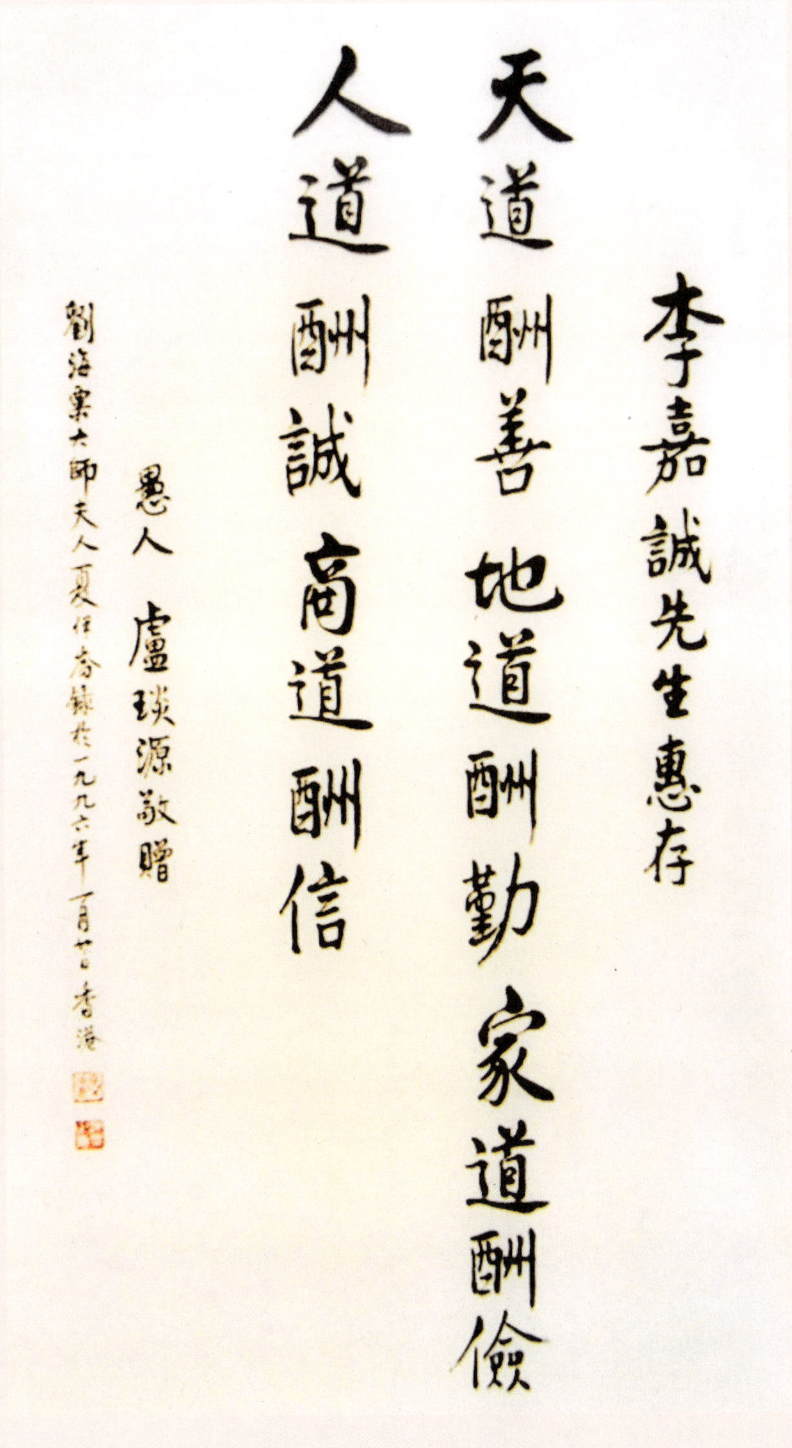

李嘉誠先生惠存

天道酬善　地道酬勤　家道酬儉

人道酬誠　商道酬信

愚人　盧琰源　敬贈

劉海粟大師夫人夏伊喬補書於一九九六年一月廿一香港

　　本书主编与长江集团参与本书编务工作人员合影。前排左起：鲍绮云、卢琰源、区小燕、杨兴安；
后排左起：甄祖伦、黄余淑珍、王德贞、白美婷、刘玉霞、冯棣明、袁添鸿。

图书在版编目(CIP)数据

李嘉诚 / 卢琰源编著.—南昌:江西人民出版社,2010.3

ISBN 978-7-210-04440-6

Ⅰ.①李… Ⅱ.①卢… Ⅲ.①李嘉诚—生平事迹 Ⅳ.①K825.38

中国版本图书馆 CIP 数据核字(2010)第 042320 号

李嘉诚

编　　著:卢琰源

出　　版:江西人民出版社

发　　行:各地新华书店

地　　址:南昌市三经路 47 号附 1 号

邮　　编:330006

传　　真:0791-6898827

发行部电话:0791-6898893

网　　址:www.jxpph.com

E-mail:jxpph@tom.com　web@jxpph.com

2010 年 3 月第 1 版　　2010 年 3 月第 1 次印刷

开　　本:787 毫米×1092 毫米　　1/16

印　　张:16.75

字　　数:280 千字

ISBN 978-7-210-04440-6

定　　价:48.00 元

承　　印:深圳市森广源印刷有限公司

赣人版图书凡属印刷、装订错误,请随时向承印厂调换